鍾怡陽◎著

日本神明、神社與神話

了解日本神明信仰，從這本書開始

【導讀】東瀛列島，八百萬神明

提起日本，不禁想到幾個十分有代表性的風物：初春蓬蓬勃勃盛開，飄飄灑灑凋謝的櫻花；頭頂皚皚白雪，巋然不動的富士山；顏色鮮豔，靜靜矗立在神社前的鳥居；大喝一聲，奮力揮下木刀的武士……它們就像這個國家的動態名片，向世界勾勒著這個國家的形象。

日本呈現給世界的形象十分複雜，甚至自相矛盾，既有如櫻花般柔美、脆弱的一面，又有如武士般強硬、進攻的一面，這樣反差的表現讓人不由自主產生好奇，想一窺這個國家、這個民族的真面目。一個民族的民族性格和他們的信仰息息相關，尤其是最原始的信仰。日本人最普遍信仰的是神道教，它是日本不折不扣的「國教」。

神道教最初以自然崇拜為主，日本神明體系龐大，據說有「八百萬神明」，八百萬雖然只是泛指，卻很直觀地反映了日本泛靈多神信仰的特點。日本人認為山石、草木、皇室祖先、偉人英雄都可以稱為「神」。在此不得不指出一點，日本人所說的「神」並不單指賢德、善良、有功德的人物，而是泛指一切不平凡的事物，也就是說兇惡的、可怕的事物也能稱為「神」。這種「神」在神道教中並不少見，日本不少神社中都供奉有邪靈、惡鬼。這可算日本神明信仰中別具一格的特色。

神道教從日本本土的原始宗教發展而來，最初崇拜自然和祖先。後來，中國道教和佛教陸續傳入日本，加上儒家思想的影響，逐漸形成了完整的體系。神道教中最推崇的是天照大神，她是一位女神，掌管著傳說中的天國——高天原。天照大神同時也是太陽神，在日本的神話中，有一次天照大神因故躲到了岩洞裡，天地之間一片黑暗，眾神費盡心機才把她請出來，使世界重現光明。天照大神被奉為日本天皇的始祖，也就是說皇室其實是神的後裔。這一觀點在天照大神派天孫治理葦原中國（也就是人間）的傳說裡有所展現。天皇在很長一段歷史時期都掌握著統治日本的實權，這種「天皇是天照大神後裔」的觀點在日本民眾的認知裡根深蒂固，並且影響到了他們的民族性格。

一般日本民眾和神道教關係也很密切。神道教供奉神明的場所是神社，一般日本人出生滿月到百天的時候就會被父母帶去參拜神社。日本小孩會過三五七節，三歲、五歲、七歲的小孩要到神社參拜，成長過程中考試、結婚、出行等，往往也要到神社祈求庇佑。眾多神社由於供奉的神不同，加上後世一些事件的影響，職能也不盡相同，比如貴船神社保佑戀愛很靈驗，備受女性青睞；伏見稻荷大社的職能是保佑五穀豐登等。參拜神社有一串固定的步驟，各神社可能有所不同，這一點在本書中有詳細介紹。

信仰的神明並不能呈現出完整的日本，但是，它是一把認知日本不可或缺的鑰匙。讀完本書，大家恐怕會和編輯產生相似的認知：原來，我們還不甚瞭解這個一衣帶水的鄰邦。

前言

作者非常喜歡櫻花，一邊盛放一邊飄落，有一種別樣的美麗。因此也對號稱「櫻花之國」的日本十分感興趣，連帶對日本的文化也好奇起來。提到日本文化就不得不提起其中眾多的神明，和各式各樣的神社。這些神明對日本有著怎樣的影響呢？日本人對神明有著怎樣的信仰呢？由這些問題發散出去，就有了這樣的一本書。

不過，在解答這幾個問題之前，我們要先探討一下神明與信仰。

遠古社會，人類還懵懂無知的時期，無法解釋世界上的各種現象。比如，為什麼會有太陽和月亮？為什麼會有白天與黑夜？為什麼會有四季變換？為什麼會有山川河流？為什麼會有樹木花草？為什麼會有飛禽走獸？為什麼會有男人和女人？為什麼會生出小孩？為什麼……

這一切，都是人類具有最初的思考能力後產生的疑問。就像一個剛剛學會動腦的小孩，會追著大人問出無數個為什麼，因為他正處於最好奇的空白時期。可是，那時候的人類並沒有現在的小孩這樣的幸運，他們並沒有一個什麼都懂的大人給出答案。人類必須自己思考，自己解答。於是，人們猜想這世界上一定有知曉一切、控制一切的強大力量，對於世界進行著有序的管理，這個力量就是「神明」。於是，太陽自然有太陽的管理者——太陽神，月亮也有月亮的管理者——月神，四季有四季的神，山川河流、花草樹木都有各自的神。而人類，只是被神明管理的一部分。

之後，人們開始崇拜神明，這是一種原始的自然崇拜。

可是，神明是什麼樣子的呢？誰都沒有見過。人們便按照自己的想像勾勒神的形象，創造神的性格，製造神的故事。漸漸的，在多少年的歲月中，在多少人的努力下，神明誕生了。人類像是終於見到了父母的孩子，找到了自己能夠依靠的「大人」，從此在神明的指導下生活。

所以，現在的人們會說，這世界上根本就沒有神明，一切都是騙人的。沒錯，自認為是一個無神論者的作者也是這樣想的。可是，在無可奈何，無法可解的時候，還是會忍不住大聲喊道：「神啊！救救我吧！」

神明是人製造出來的精神支柱、是一種能讓人輕鬆解脫的方便的存在。

有的時候，作者會想，如此多的人呼喚神明，依靠神明，神明會不會就這樣漸漸成形了呢？雖然這想法可笑，不過神明確實在人們的心中漸漸成形，形成了信仰，發展成了宗教。

人們建造了各式各樣的居所供奉神明，發明了一系列的禮節參拜神明，希望能從神明那裡獲得力量和祝福。隨著時間的發展，那些原本看起來可笑的、想像中的神明變得日益豐滿，並且能在人們的生活中產生不可忽視的作用。

這就是信仰。人們透過信仰讓自己的心理得到安慰，讓自己獲得勇氣和支援。因為神明是強大的，是無所不能的，所以只有祂站在我這邊，我也就是強大的，是無所不能的。

在世界各種文化中，出現了各式各樣的神明，從中我們可以看到每種文化的差異，以及隱藏在信仰下的民族性格的差異。在本書中，我們將詳細介紹關於日本的神明，和在此神明體系下，日本民族表現出的信仰和文化性格。

目錄

第二章 歷史人物化成的神

第三章 神與人的奇妙姻緣 188

第四章　著名神社中供奉的神 239

日本神話與神社文化

第一章

追溯日本神話的源頭

基本神明體系形成的源頭

日本主要神話體系裡的神明，我們會在第二部分第一章詳細介紹，祂們是日本最早出現的神明，也是日本神話的基礎，更是日本早期文化的濃縮，對後世的日本文化有重要的影響。

那麼，日本神話起源於什麼時代呢？這些神明又從什麼時候開始確立了自己的地位呢？

首先，我們要瞭解日本早期的三個文化時期，即繩紋文化時代、彌生文化時代、古墳文化時代，這三個時期被認為是日本原生文化時期。

首先是繩紋文化時代，相當於新石器時期，因為當時陶器上的花紋以繩紋為主，所以稱為繩紋文化時代。

這一時期生活在日本的都是原住民，他們處於原始部落時期，只會使用簡單的石器工具，當時陶藝水準的提升在文化上是一個里程碑，但是在實際生活中並沒有帶來重大影響。同一時期的大陸上，中國經歷了夏商周已經進入封建社會，正值春秋戰國時期，百家爭鳴，開始了歷史上第一次文化大創造和大解放。在日本繩紋文化的末期，秦已經完成了中國歷史上的第一次統一，並且派徐福出海尋找長生不老藥。

據說，徐福帶著童男童女一路乘船向東，最終來到了日本，以為到了傳說中的仙島。可惜，這裡沒有傳說中的神仙，只有一些原始的先民。這些人還在用樹葉和獸皮遮蔽身體，使用打磨粗糙的石製用具，用原始的方法和野獸鬥爭，用笨拙的方法捕魚，他們甚至沒有階級和地位的概念。徐福等人十分失望，他們知道無法回去向始皇帝交差，乾脆就在此地住下。他們教日本的原住民先進的種植方法，告訴他們如何冶煉和使用青銅器，給他們講述儒道法的思想。徐福成為了日本最初的王，將當時中國最先進的文化帶給了他們。雖然歷史上徐福是否來到日本尚有爭論，現實裡日本人已經把徐福當作了傳說中的神武大帝，很多地方都有祭祀他的神社。

不管徐福是否來到了日本，秦末確實有大量中國人漂洋過海到日本躲避戰亂。由於秦末漢初的中國移民的到來，彌生文化時期開始了。這一時期，日本受到了先進的文化和生產力的薰陶，一下子從新石器時期躍入了青銅器時期，在日本出土文物中，出現了大量的銅鏡、銅劍、秦漢時期的錢幣等。

彌生文化時期，是日本對中國先進文化的第一次學習時期。他們漸漸有了階級分化，學會了種水稻，一開始從中國運來的銅在日本加工，後來慢慢學會了冶銅技巧。彌生文化是日本歷史上一次重大的飛躍，讓原始的日本社會開始有了質的轉變。

這時候的日本開始與中國、朝鮮有了比較密切的往來，從這兩地運送物資過來，接觸最新文化，進行貿易和學習。

彌生文化雖然被認為是日本的原生文化之一，但是並不是日本的本土文化，而是從外部傳入的。在這個過程中，最重要的關於「國家」的理念進入日本，並為他們提供了「中央集權」這一思路。

古墳文化聽起來令人恐懼又百思不得其解。其實是由於受到了「國家」、「集權」、「統一」等思想的影響，當時的日本形成了若干小國，然後經歷了戰國混戰時期，終於形成了統一的國家。而統一的必然前提就是戰亂和犧牲，於是，犧牲者的墳墓大量出現，為這個時代的特色。

古墳文化時期日本人的文化漸漸豐盛起來，形成了宗教。那時候，人們信奉的當然還是自然的力量。自然是偉大的，自然的力量是無窮的，能夠左右人們的生活，人們在面對自然的時候只有順從。人們開始祈求自然能夠護佑自己，讓莊稼順利生長，讓自己能順利地捕捉到野獸和魚類。有時候，他們的願望能夠實現，有時候則完全相反。這時候，所謂的「拜物教」——即將自然事物當作神明進行供奉的行為就開始了。太陽、月亮、山川、河流、樹木、花草、飛禽、走獸等等，一切事物中都有神明，日本基礎的神明體系在此時被整理和確定。

《古事記》、《日本書紀》都是這個時期寫出的。由於當時日本還沒有自己的文字，所以《古事記》上大量使用了漢字，其中有時採用與日本發音類似的漢字表音，有時候用漢字直接表義，艱澀難懂。

由以上的介紹我們可以看出，日本古代的本土文化相當落後，他們雖然對自然界有了一定的認識，但是相當的狹隘。中國移民的到來，給他們帶來了嶄新的生產方式和嶄新的文化，當然也帶來了儒、道和神鬼理念，為他們提供了想像的藍本。

繩紋文化、彌生文化、古墳文化雖然貌似日本的原生文化，但來源是中國的文化。在這些時期形成的日本神明體系和神話故事，本質上也是來自於中國的文化。

後世神明的發展和擴充

日本大和朝廷統一日本後的約兩個世紀裡，日本的經濟、文化、社會體制都在緩慢的發展。這之後，中國進入了隋唐全盛時期。日本在加強與隋唐的貿易往來的同時，特地派遣了留學生，將先進的思想、理念、制度等帶回日本。就這樣，許多中國的神明故事就傳入了日本，並且與日本文化進行融合和再加工，變成了符合當地文化與特色的故事。而佛教也傳入日本，印度對日本的文化影響大大加深。佛教、印度教裡的神明都被日本「拿來」借鑑，並融合到自己的文化中，形成了新的神明，這些神明也有了新的形象和職能。

其中最有代表性的例子就是「七福神」。如辯才天本是印度教中代表學問、辯論的女神，形象是婀娜多姿，到了日本之後，卻變成了能給大家帶來財運的女神，形象也被改成端莊富貴的女神。在與本土文化融合後，辯才天衍生出了許多傳說，比如與和尚在夢中媾和，還和五頭龍結為了夫妻。

除了將外來的神明進行改變，融合本土的故事之外，他們還會將外來的傳說故事加諸在某個原有神明身上，使其形象豐盛起來。

比如中國牛郎和織女的故事，牛郎看到七個仙女在洗澡，偷偷留下一套衣服，沒了衣服的織女不能上天，嫁給牛郎做老婆，兩人十分恩愛，生下兩個孩子。可是，天庭發現織女與人相愛，強迫她回到天庭，牛郎奮力追趕，最終被銀河擋住，夫妻倆靠鵲橋才能一年見上一次。這個故事到了日本，被安到了豐受大神身上。她在河中洗澡衣服被盜，但「小偷」是一對老夫婦，她一心想回到天上，卻受到限制。後來，她還被老夫婦趕出家門，失去了回到天上的能力，可以說相當悽慘。故事的藍本明顯借鑑了中國的傳說，卻講述了一個截然不同的故事，塑造了一個經歷悽慘的女神形象。

第二章

供奉神靈的場所——神社

就像佛教的神佛供奉在寺廟裡，基督教的神供奉在教堂裡一樣，日本的神明也有自己的居所，供人祭拜，佑人康健，成人心願，這個居所就是「神社」。

在日本，大大小小的神社到處可見，人們也習以為常。神社作做為日本神道教的建築，已經成為了日本人日常生活的一部分。

神社的建築構成

神社的佈局一般要根據地形進行設計。地形寬闊的時候，就會採用對稱式的佈局。而在地形狹窄、縱深較大時一般採用不對稱佈局。在對稱佈局的情況下，一般在中軸線上只有神殿，其他建築分列兩旁。而不對稱佈局中，則會有長長的參道進行引導。

神社一般修建在風景秀麗、環境清幽的地方，周圍有參天大樹。但是它的裝飾卻不像寺廟一樣以古樸為主，反而顏色明亮耀眼，裝飾華麗炫目，彷彿這樣才能讓神明對自己的居所滿意。

因為建築的時間不同，神社的構成也有區別。這裡，先為大家介紹神社的基本構成。

社號標

什麼是社號標呢？從字面的意思來理解，就是神社名字的標識，也就是牌匾上寫的神社名。從前，神社往往是地域性的，並沒有名字，直到後來，一些神社規模擴大，在全國範圍內都有了名氣，這些神社才有了名字，也就是社號標。直到近代，社號標才普及開來，成為每個神社必不可少的部分。

明治時代到第二次世界大戰之前，社號分為官幣大社和國幣小社，這就是所謂的社格，用以分辨神社的性質。官幣大社是與天皇或皇族關係很深的神社，將幣帛獻給神祇；而為國作出貢獻的則稱為國幣小社，將幣帛獻給國司。

鳥居

鳥居是神社最醒目的建築，大部分人也是由此來

分辨神社位置的。說到這裡，你可能想到了，對，鳥居就是參道上那個醒目的大門形狀的建築。

為什麼會叫鳥居這個奇怪的名字呢？在日語中，鳥居的發音與進入相似，鳥居做成大門一樣的形狀，也表示歡迎神明進入。也就是說，從踏入鳥居開始，就進入神明的領域了，鳥居像結界一樣，將神聖之地與人間凡界區別開來。從宗教意義上講，鳥居就是宗教場所的分界線。因此，當人們看到鳥居的時候，就知道自己來到了神社門外，想到神社的時候，第一個想到的也是鳥居。

注連繩

要將神聖之地與人間凡界分開，只依靠鳥居是不夠的，還需要其他物品將其圍起來，這就是圈在神社外面的繩子，叫做注連繩，最初叫做連結繫繩，在《古事記》中又叫做尻久米繩。注連繩由連根的完整稻草編製而成，每隔一段距離還會有規律地懸掛一些稻草，稻草之間掛有紙片，比如最著名的七五三繩，掛的稻草數目就是七束、五束、三束。

和鳥居一起，注連繩劃定了神明的領域，並將其與世俗之地嚴格劃分開，範圍之內就是神明佔有之地。注連繩有驅惡鎮邪的作用，防止不潔之物令神聖之地蒙污。

樓門與神額

樓門最初為寺院中廣泛應用的建築形式，神社內樓門的建造始於平安時代，賀茂御祖神社、八坂神社、石清水八幡宮、春日大社都是在這個時期建起的樓門。樓門是位於鳥居之後的兩層建築結構，腳下往往是舉行儀式的地方，左右兩旁則是手持弓箭的隨身像（矢大臣）。最著名的樓門是日光東照宮。

神額是標記神號、神位和神級（由天皇授予）的匾額，上面的文字往往由天皇親自書寫，也有的由書法高超、位高權重的朝臣書寫。

參道

參道是神社內的道路，供前來參拜的人行走，一般指從鳥居到正殿這一段路程。

燈籠

燈籠分為直立燈籠和垂立燈籠。顧名思義，直立燈籠就如同站立的人一樣，在上半部分留出開口，裡面點燈，一般是石製的，其他也有木、陶的，最奢侈的還有鍍金的。在古代，直立燈籠較為普遍。現在垂立燈籠比較多。垂立燈籠是將燈放進燈罩中，懸掛起來，相對直立燈籠而言更加安全。燈籠往往一排排地排列在參道上，整齊劃一，很有韻味。

垣牆與木柵欄

做為垣牆的木柵欄，很早就存在，並且有嚴格的規定。比如著名的伊勢神宮，木柵欄有五層之多，最裡面的一重名為玉垣，最外面的一層名為板垣，中間是三重木柵欄。

犬

狛犬和鳥居一樣，是神社的象徵性建築物。狛犬和中國的石獅子相似，十分威嚴。在中國古代，石獅子主要守護主人、看家護院、震懾邪靈，後來在日本飛鳥時代，漸漸傳入日本，演變成了狛犬。狛犬腳下有一圈符咒，原本用來阻止盜賊侵入，後來人們在找回失物的時候也會使用這符咒。

狛犬的普遍形象除了類似石獅子之外，還有其他樣貌，如稻荷大社裡的石狐狸，三峰神社的狼。

手水舍

手水舍是洗手和漱口的地點，一般是一個盛滿了清水的石缽，在水面上有一把用來舀水的勺子。當年，伊邪那岐命從黃泉國回來，覺得全身都沾滿了污穢，於是在清澈的河流中清洗自己。在手水舍中洗手和漱口，可以看做對伊邪那岐命清洗自己的儀式的模仿和簡化，目的是清除自己身上的污穢和不祥，以一個乾淨的靈魂進入神社參拜。

洗手和漱口的順序：用右手持勺柄舀水清洗左手，再換用左手持勺柄舀水清洗右手，然後左手五指併攏形成凹狀，再用右手舀水倒進左手，用左手上的水漱口。漱口的水不可飲下更不可吐回，要吐到旁邊的鵝卵石上或者其他地方。也不可以直接把嘴湊到勺子邊吸水，否則是對神靈的不尊重，同時也很不衛生。如果在正式的儀式中，還會有專門的人負責舀水或者遞紙巾等。

攝社和末社

攝社和末社指的是正殿後面或者神社附近較小的神社和祠堂，也從屬神社管理。攝社和末社的界限較為模糊。一般攝社中會供奉與神社祭神相關的神、荒靈、地主神，或者是神社祭神原來的小神社。

一般在山上的神社叫做山宮，也叫上社，在山麓的叫做裡宮或者奧宮，也叫下社。

神殿

最古老的神社其實是沒有神殿的，後來佛教傳入日本，受到寺院的影響，神社開始建立神殿。神殿也有各種各樣的建築風格，日本神社的建築式樣稱為「造」。很多神社建築風格屬於切妻造，類似中國的懸山頂。現在我們逐一來介紹一下。

(1)神明造

神明造是最能展現古代住宅建築風格的。它是切妻造的一種，主要特點是屋頂上是直線結構，沒有翻磚。屋頂使用原木平入，和下面的人字板結合，顯得古樸大方。代表建築是伊勢神宮。由於在明治維新時期伊勢神宮成為了全國神社的中心，使得神明造得到了大力推廣。可惜由於遷宮，伊勢神宮定期重新建造神殿，沒能留存古代的神明造。

⑵大社造

大社造也是切妻造的一種。屋頂部分基本與神明造相同。它由內裡的九根巨大的柱子進行支撐，看起來十分壯觀；正面臺階不位於正中間而是偏左或偏右一些。目前的代表是出雲神社，據說出雲神社光地面就曾達到過五十米高，十分雄偉，在當時神社中也是最高最大的。但是，現在的出雲神社雖然也很大，卻沒有傳說中的這麼高大。

⑶住吉造

住吉造也是切妻造的一種，在奈良時代以前就已經形成了。住吉造有前後二室，垂木直線構成，柱子為朱紅色，牆壁是白色。代表是住吉大社。

⑷流造

流造同樣是切妻造的一種。屋頂雖然同樣採取平入，但是正面屋簷向前擴張，叫做「向拜」。神社向拜的形成要早於寺廟。

有的流造正面和背面都有房簷，這種稱為兩流造。松尾大社、氣比神宮等都採用了這種兩流式。流造在日本分布得很廣泛，是很受歡迎的一種神社建築方式。

⑸春日造

同樣，春日造也是切妻造的一種，並且比以上幾種更加典型。在後來的發展中，正面入口處的屋簷會向前伸出很長，並且以兩根木柱支撐起來。春日造也非常流行，代表建築是春日大社。

⑹八幡造

八幡造前後各有一個神殿。前面是外殿，後面是內殿，兩殿是相連的，並且都有神座。內外殿之間相連的空間叫做「相之間」，在發展中地板變得更低一些。代表的是宇佐神宮等。八幡系神社的神殿基本都是這樣的建築風格。

⑺日吉造

日吉造只在正面有房簷，或者兩個側面有房簷，背面是沒有的。這讓日吉造的風格非常獨特。但是，日吉造的數量非常少，代表是北野天滿宮。

⑻入母屋造

入母屋造由流造發展而來，四面的屋頂都有房簷。代表是御上神社。

⑼石間造

石間造在前面有拜殿，中間有屋頂。一般中間屋頂又叫做石間，所以這個建築樣式就叫石間造。它還有一個名字叫做權現造，因為豐臣秀吉神社的神殿採用了石間造，之後德川家康的神社也採用了這種形式。而德川家康的封號是東照大權現，因此得名。代表是供奉了這兩人的豐國神社和日光東照宮。

神社內的物品

御神體

「御神體」指的是神社中代替神明被參拜的對象，又稱作「御靈代」。神是不會顯示實體的，那麼怎麼知道神在哪裡呢？於是就有了代替神明的物品，神明到來的時候會依附在這上面。

各個神社中的御神體不同。古時候因為處於「拜物教」時代，御神體往往都是大山、石頭、樹枝等。後來，佛教傳入日本，佛像自然也一起傳入，「給神明進行塑像」的觀念便開始形成。於是，人們透過種種想像，確定了神明的樣貌，然後到了造像階段。由於神像生動鮮明，也更加貼近人們心中所想像的神明，於是神像成為主要的御神體。

神器

日本的三大神器指的是八尺瓊勾玉、八咫之鏡、天叢雲劍。當年天照大神隱藏到洞穴中令天地一片黑暗，眾神為了引她出來製造了八尺瓊勾玉、八咫之鏡。天叢雲劍則是速須佐之男斬殺八岐大蛇後在蛇尾取得的寶劍，之後獻給天照大神。後來天照大神將這三件寶物賜給了接管葦原中國的邇邇藝命，邇邇藝命又將這三件神器傳給了歷代天皇，這三件神器就成為了皇位的象徵。

在神社中，一般都有鏡子、劍和玉來代替這三件神器，擺放在御神體的前面。

御守

御守，即為護身符，是一種常見的神符，可隨身佩戴，以保佑自身平安順利，遠離厄運。

御守典型的製作方式，是用棉布或麻布將硬紙版或木牌包起來，製作成為長型的五角形，接著頂部穿過繩子打上綬帶結（一種中國結）即完成。在正背面會繡上御守的功用（例如愛情）以及裝飾的花紋，繩上也常會掛上一個小鈴鐺。

放置在御守中的硬紙版或木牌，通常會寫上經文、篆刻印記或繪上神明的畫像，或著夾帶一張符咒。用途被認為是安置神明的力量在御守內，但也可能什麼都沒寫。繫上綬帶結也代表著將神明的力量緊緊鎖在御守內部。

近代的御守使用了許多不同材質來製作，包含紙、金屬、木材、塑膠等都可互相搭配。配合祈福的主題，不同的御守有各式各樣的設計和外觀，同時也展現了日本各地的文化特色。

御守的使用上，一般認為有以下限制：

★不建議將御守拆開。解開了束縛的帶子，神明的力量就會從中跑出來，而御守就此失去效力。

★御守的祈福效果是一年，在期限後效力就會慢慢消失。

★過期之後，御守袋可以留作紀念，而裡面的符咒可以拿到神社歸還，由神社代替本人燒納處理掉。

神籤

神籤是一種表達神意的籤，一般是刻著號碼的竹或者木製的小棍。求神籤和在中國求籤問卦是同一個意思。在日本古代，神籤意味著神的旨意，重大事宜都會由神籤來決定。現在一般求籤就是問吉凶、測未來，比如戀愛運、工作運、健康運，或者許下的願望能不能實現之類的。

抽籤的方法是搖動放有神籤的小盒子，掉出的那一根就是神給你的旨意。按照這上面的號碼去領取相應的紙條，紙上寫的是對所求之事的回應。

若是抽到凶籤則是要把神籤結在繩子上，吉籤則帶回家。不過也有另一種說法，吉籤要結在松樹上，因為松的日文「まつ」與「待つ」同音，有靜待好運到來的意思。凶籤則應結在杉樹上，因為杉的日文「すぎ」音同「過ぎ」，是代表希望凶運快快過去。

繪馬

繪馬是神社或寺廟供人祈願之用，一般用木板製成，通常一面會繪製圖案，另一面則是空白，讓信眾填寫願望之用，然後會供在神前，祈求得到神的庇護。神社在舉行法事時，會將木塊燒掉，人的願望也隨著能夠實現。

繪馬起源於，在日本古代，有錢人向神祈求願望時，會給神社奉納駿馬當作神明的坐騎。但因神社難以照顧眾多的馬匹，加上平民百姓又沒有財力奉納這些貴重的馬匹，於是後來轉變成奉納木馬、紙馬或土馬，到了平安時代，則開始在木板上畫匹馬來代表，如此演變為現在的繪馬形式。

賽錢箱

去神社祈福的時候，有一個步驟是在賽錢箱裡投入錢財。賽錢箱就是在搖鈴拍手時看到的木箱，有很多根細木條橫在開口處，側面寫著「奉納」。投錢的意義一是向神明表達自己的誠意，二是要為自己求一個好兆頭。投錢的錢數一般是有說法的，因為日本的錢幣單位「円」與「緣」發音相似，所以投幣的數量也往往代表與緣份有關的吉祥意思。

五日元——有緣

十五日元——十分有緣
二十五日元——加倍有緣
四十五日元——一直有緣
八十五日元——最終有緣
九十五日元——無限有緣

不過十日元則不吉利了，因為十日元代表「遠離有緣」。

神木

在神社範圍內，一般都有一棵高大的樹木，那就是神木。神木是神社的代表，被認為有神力，受到人們的尊敬和特殊照顧，神木的生長狀況和歷史也都會被一一記錄下來，保存在神社中。

神木同時也代表了神明的權威，因此是絕對不容侵犯的，不允許有任何不敬行為，連觸摸都被禁止，更別說是砍伐了。傳說神木一旦被砍伐，那麼被神木震懾的惡靈就會出來作亂。

神木有很多種，春日大社中的神木是楊桐樹，京都的伏見稻荷大社中是杉樹，太宰府滿天宮的是梅樹，日吉大社的是桂樹……等等。

七步教你學會如何參拜

第一步，在手水舍進行清洗。這一點在介紹手水舍的時候已經說過了，要按照正確的步驟對自己進行洗禮。

第二步，投錢。神社裡有賽錢箱，這一步就是在賽錢箱中投入硬幣，一般投入五日元就可以，因為五日元的日語發音與「緣份」相似。這個過程很像進入寺廟燒香前給功德箱裡投「香油錢」，代表對神佛的一種尊重，表達自己誠懇的態度。

第三步，搖鈴。一般在參拜的時候，手邊會有垂下來搖鈴的繩子，只要拉幾下，鈴鐺就會響起來。這樣做的意義在於提醒神，有人前來祭拜，將要許願，懇請神認真傾聽。

第四步，鞠躬。一定要非常恭敬，身體形成九十度直角，誠摯地表達自己對神明的敬意，並且要進行兩次。

第五步，拍手。前兩次要輕輕拍，不能發出聲音，第三次才用力，發出聲音。為什麼要拍三次呢？為的是帶走人們的感、業、苦三種不幸。第三次拍手結束後，雙手不要分開，保持合十的狀態。

第六步，許願。雙手合十，默默地說出自己的願望。

第七步，再次鞠躬，離開。雙手依舊保持合十姿態，同樣是進行九十度鞠躬。之後，雙手可以分開放下，然後從右側走下去。

這裡介紹的是普遍的參拜方法。一些神社對於參拜上會有自己的特殊要求。

賀茂別雷神社
上賀茂神社

第三章

神職

日本在明治初年就制訂了全國統一的神職制度，此時的神職人員都屬於國家官吏，即神官，設有宮司、禰宜、主典、祠官等職位。宮司相當於祭司。他們負責主持各種祭典，替信徒驅除厄運，主持婚禮甚至是做相撲的裁判。

第二次世界大戰之後，神官被廢除，在神社工作的人員全部為神職。神職種類包括宮司、權宮司、禰宜、權禰宜等。各大型神社也根據自身的需要設有一些特殊的神職。這裡我們重點介紹一下巫女。

巫女

巫女是神職人員中知名的形象，在日劇和動漫中經常可以看到巫女，美麗善良又帶有神祕感的巫女擄獲了很多人的心。那麼，巫女的工作主要是什麼呢？

所謂巫女，就是接受神的憑依，讓神靈附體，傳達神的意志，連結神和人的世界的女性神職人員。

在現今的神社活動中，巫女主要在祭祀儀式上發揮助手的作用，或者負責社務，像是販售御守、繪馬，整理神社內的環境……等，幾乎沒有可以「神靈附體」的神職人員了。

而通常巫女都會有其專門的服飾，身著白色上衣及紅色緋袴。而在正式儀式時，大都會罩上一件有仙鶴圖案的外衣。此外，巫女是不能打赤腳，會穿一雙白色「足袋」和「草履」。巫女在跳祭祀舞蹈時還會頭戴花飾……等。

日本神明與神話故事

第一章

傳說中的神

本章介紹日本傳說中的神明，從混沌時期形成的天之御中主神，到天津日高日子波限建鵜葺草葺不合命都是一脈相承的。我們從中可以看出日本神明的幾個特點：

等級森嚴

諸神在地位上有嚴格的界限。即使是出自同樣的父神母神，由於能力不同、使命不同、出生方式不同、被賦予的期許不同，而產生了身分上巨大的差異。如天照大神、月讀命、速須佐之男這三貴子的身分比之前的兄弟姐妹都要高貴。

分工明確

各位神地位明確，各司其職，如天照大神掌管高天原，照亮白天，月讀命掌管夜晚，大國主神治理葦原中國等，每個神都有自己的職責，不瀆職，不僭越。但是對於各位神的設定卻不涉及到技能，如希臘神話中宙斯對雷的使用，中國神話中水神、火神、千里眼、順風耳等等，都有各自的技能，但是日本神話中沒有涉及各個神的技能部分，也很少從這方面對各位神明進行描述。在日本神話中也極少出現爭鬥場面，伊邪那岐命做為父神居然被魔軍追得十分狼狽，還要靠小聰明（變化出葡萄和竹筍引誘貪吃的女鬼）和援軍（桃子）方能脫身。

從神格到人格的發展

神明逐漸減少神格，增加了人格，逐漸人性化。最初的五別天神和神世七代性格上更加偏向神，也就是自然化。如伊邪那岐命和伊邪那美命對水蛭子十分厭惡，將它放到海中順流漂走，這很明顯不是父母所為，而是自然對人類所為——被嚴酷的自然厭惡的話就會受到嚴厲的懲罰，這是古代人的認知。之後，神們漸漸更加人性化了，如速須佐之男要求大國主神優待自己的女兒，山幸彥和海幸彥之間的摩擦、爭鬥等。

故事單線發展，一代一代的神明傳下來，極少同時出現平行事件，形成交叉

神明一代一代相傳，故事也這樣有序的發展，似乎是「井水不犯河水」，不會在別人的故事裡出現。除了天照大神可以說是貫穿始終，速須佐之男參與了對大國主神的試煉，其他的神都是自己顧自己的。如伊邪那岐命在創造了三貴子，命令祂們治理各自的領地之後就無影無蹤了，而天孫治理期間也沒有遇到其他神明。

彷彿每個神明都是帶著自己的使命而來的，完成自己的使命之後也就隱退了。如大國主神的母親，只有在祂陷入為難的時候努力相救，但是之後卻完全沒有提及，似乎從來沒有出現過這個

角色一樣。

神明的統治從來沒有受到威脅

神沒有遇到過反叛者，最大的反叛者天若日子也只是想要統治葦原中國，沒有神曾挑戰高天原。可以說，神的統治是牢不可破的，高天原從來沒有遇到過想要對天照大神等人取而代之的神。這和日本歷史的發展非常像。日本歷史上天皇雖然沒有實權，但是卻鮮見想要改朝換代的人，天皇的統治從來沒被推翻過。

本章後面的幾個故事是對神明主體體系的一些補充，都是一些家喻戶曉的傳說故事。最後講到的七福神是日本民眾廣泛熟悉，能給大家帶來福氣的神，因此大受歡迎。

初代大神——五別天神

所有的神話傳說都是由創世開始的。每一個創世的故事都反映了當地人對世界形成的最初認識，是神話體系中極其富有特色的部分。

這裡所說的五別天神是日本的初代大神，也就是日本的創世之神。

宇宙初時，鴻蒙未消，一片混沌。這時候的世界一片虛無，一切都漂浮無依。不知道過了多少年，混沌漸漸開始分離，飄在空中的物質開始有了層次。那些清而輕的漸漸向上升，形成了天空，濁而重的逐漸下降，成為大地。就這樣，最初的天地形成了，世界有了初始的形狀。

天空之上為高天原，中間有大地的部分為葦原中國，地下是黃泉國，和中國所說的天、人、鬼三界的分布是一致的。

與高天原一起形成的，是最初的神明，天之御中主神。在混沌逐漸分離的時候，有一些分不清輕或重、清或濁的神奇精妙之物漸漸結合在一起，成為朦朧的一個光團，在虛無中飄盪不已。當高天原成型之後，這朦朧的光團一躍而上，光芒四射，一位神的身影從朦朧中走出，這就是天之御中主神。祂是宇宙的根本，萬物的主宰，祂是世界的「真實」和「唯一」。之後，產生了高御產巢日神和神產巢日神，祂們兩位神代表的是陰陽兩極。他們三位都是獨神，產生之後就隱身於高天原中，很少過問世事。這三位神被稱為造化三神，是最初的創世之神。

那時候的土地還沒有根，像浮脂一樣在水面上漂浮不定，隨波蕩漾。突然，有極強的生命從其中冒出，如同春天的葦芽一般，迅速地生長起來，化作了一片耀眼的光芒，光芒散去，顯出了兩位神，那就是可美葦牙彥舅尊和天常立尊，他們也是獨神。這兩位神和前面的神並稱為別天津神，也叫做五別天神。

在日本的創世傳說中，可以清楚地看到中國傳說的影子。比如，從宇宙的混沌到天地的形成，可以明顯看到盤古開天闢地的影子。在五別天神身上，明顯有中國古代三皇五帝的痕跡。可以看出來，日本的神話傳說受中國神話的影響很大。

但是，在創世這部分中，也有日本神話極其獨特的地方。創世之神出現後隨即隱身，幾乎沒有任何傳說和故事，這與大部分的創世傳說都有不同，也是日本創世傳說比較獨特的地方。

而「國土無根」，漂浮在海中，也是一個神奇的說法。大地怎麼會是漂浮在海上，隨波逐流的呢？仔細想想，便會發現，這與日本的島國構成有關。日本有大小數嶼，散佈在海上。在他們的視線之中，四周都是海洋，大地僅僅只佔少數。為什麼會這樣呢？於是，最初的日本人靈光一現，解釋道，最初的大地是漂泊在海上的，後來在諸神的努力下才逐漸凝聚。可以說，這是一個很有創造力的想法。

小知識 獨神

獨神指的是誕生時獨自一人的神明。祂們形象抽象，並不固定，象徵著宇宙之處的「混沌」，也增加了其神祕感。獨神並無性別之分，或者說是自身便擁有陰陽兩儀的「完整之身」。在日本神話中，只有最高等級的神明才可享受「獨神」的待遇。

深藏不露的神——神世七代

五別天神出現後，又相繼產生了七代共計十兩位神，祂們被稱為神世七代。

第一代，國常立尊（國之常立神）。

出現土地時與大地一起出現的是國常立尊，天之御中主神掌管著高天原的一切，國常立尊掌管著大地上的一切，照看著四極八方。國常立尊也是獨神。

第二代，豐雲野神

在天與地、地與海尚未完全分離，依舊存在似有似無的膠著的時候，在一片模糊不清裡誕生了一位神，那就是豐雲野神。因在這樣的環境中誕生，因此他代表的是泥沼，也是一位獨神。

第三代，泥土煮尊（宇比地邇神），此為男神；沙土煮尊（須比智邇神），是其妹。

祂們是最初的有性別的神。祂們代表的是土與水合成泥稠狀。我們都知道，只有土和水混合在一起，形成了泥，才能建立房屋，鋪平道路，建設國家和城市。這兩位神表明的正是這個意思，祂們揭示了創造世界的基本方法，而土與水的結合暗示著男女的結合。從這代神開始到第七代，都是男女神成對出現，他們都是兄妹關係。

第四代，角杙神，此為男神；活杙神，是其妹。

祂們表示萬物的生長，生命的勃發。此時世界上有了最初的植物，並開始形成根莖，長出嫩芽，一直向上。純白的莖成為大地的支柱，大地至此才結束了在水上漂泊的生涯，開始有了穩固的基礎。植物的莖之所在，就是大地的中心。

第五代，大戶之道尊（意富斗能地神），此為男神；大苫邊尊（大斗乃辨神），是其妹。

雖然在第三代神明產生的時候已經有了性別，但是這兩位才是真正代表男性與女性的神明，祂們開始具有人性，可以說是神具有人格的過渡。

第六代，面足尊（淤母陀流神），此為男神；惶根尊（阿夜訶志古泥神），是其妹。

面足尊相貌俊美，代表美好。而惶恨尊從字面上就可以理解出來，代表令人恐懼。這一點倒是很有意思。因為在很多傳說中，最能代表美貌的往往是女性神明，比如最著名的維納斯。而

令人恐懼的神明往往是男性形象。在日本神話中卻剛好相反。日本人對於男女的認知在此可窺一二，在後面我們會詳細講到。

第七代，伊邪那岐命神（伊奘諾尊），此為男神；伊邪那美命神（伊奘冉尊），是其妹。

神世七代的最後一代，是生成之神，將生出國土和眾多其他神明，也是神話故事的真正開始。在下一章，我們將會講述這兩位神的故事。

小知識

隱居的神明

在五別天神和神世七代中，除了最後的伊邪那岐命和伊邪那美命之外，其他的神都採用了「隱居」的狀態，在後來的神話中也幾乎看不到祂們的身影，甚至有的神明連自己的神社都沒有，即使是有神社供奉的神明，神社的規模也往往不大。可以說，這些最初的神明，是真正的隱者。

相愛的兄妹——父神和母神

生育國土與諸神

世界的最初面貌已經形成，接下來就是進一步讓世界豐富繁華起來。這時候需要一位父神和一位母神，共同完成這個使命。可是，五別天神和神世七代的其他神明都選擇隱居，不願意過多地過問世事。於是，祂們選中神世七代的最後一代，伊邪那岐命和伊邪那美命，肩負起這個責任。

伊邪那岐命和伊邪那美命誕生之後的大地，雖然最中心已經有了「莖」的支撐，但是還不穩固。於是，眾神命祂們去穩固大地，並賜給了祂們一支巨大的長矛做為工具，那就是天沼矛。這兩位神站在天浮橋上向下張望，選擇了一個合適的地點和時機，將長矛伸入海上的漂浮物中攪動起來。一時間海水捲著漂浮的國土形成了巨大的漩渦，嗚嗚轟鳴，響徹天地。這樣攪動了一段時間，祂們將天沼矛提起來，待海水漸漸平復，漂浮物便順著矛身向下滑落，聚在矛尖，慢慢滴下，凝成了淤能棋呂島。

兩位神便降落到島上，在上面豎起了高聳通天的天之御柱，又修建了華美雄偉的宮殿做為自己的居所。兩位神準備繼續擴展國土。可是要怎麼做呢？

一日，伊邪那岐命想到了辦法，他問伊邪那美命：「妳的身體發育得怎樣了？」

伊邪那美命回答：「我的身體已經一點點發育好了，只是有一處卻沒有長合。」

伊邪那岐命說：「我的身體也是，漸漸發育成熟了，不同的是我的身體是多出一處。如果我們二人結合起來，不就是完整的了？我也不多，妳也不少了。這樣就能生育國土了吧！」

伊邪那美命也覺得這是個好辦法。於是祂們兩位便一個向左一個向右地繞著天之御柱行走起來。到了相逢之時，伊邪那美命便讚道：「好英俊瀟灑的男子啊！」

伊邪那岐命也讚道：「好美麗賢淑的女子啊！」於是他們完成了結合儀式，結婚生子。

很快，他們就有了第一個孩子，兩神非常高興，可是生出來的孩子卻是一個發育不健全，渾身連一塊骨頭都沒有的怪胎，名為水蛭子。祂們很不喜歡這個怪物一樣的孩子，覺得非常不吉利，就用葦葉編了小船，將這個孩子放上去，讓他順水飄走了。接下來祂們生下了第二個孩子，名為淡島。可是他們依舊

伊邪那岐命和伊邪那美命

不滿意。

兩神在一起商議說：「為什麼我們的孩子不健全呢？一定是我們做錯了什麼，快去向天神請教吧！」

於是，天神便燃了一塊鹿的肩骨為他們占卜，並喻示：「你們的結合儀式是由女子先開口的，這樣自然不吉利。回去重新舉行儀式，這次由男子先開口便好了。」

之後，兩人重新來到天之御柱繞行。到了相逢的時候，伊邪那岐命先讚道：「好美麗賢淑的女子啊！」

伊邪那美命又讚道：「好英俊瀟灑的男子啊！」

重新舉行了儀式之後，二人又結合生子，生下了許多國土，分別是：淡路島、伊豫島（今日的四國），此島一身生有四個面孔，每個面孔各有一個名字。隱岐島、筑紫島（今日的九州），此島也是一身四面，每個面孔各有一個名字。伊伎島、對馬島、佐渡島和大倭豐秋津島（今日的本州）。此八島又稱作「大八島國」。此後又生下六個小島，共計十四個島。在諸島生下之後，葦原中國才豐富起來。

生完國土之後，祂們又繼續生育諸神。祂們生下了大事忍男神、石土毘古神、石巢姬神、大戶日別神、天之吹男神、大屋毘古神、風木津別之忍男神、海神大綿津見神、水戶神速秋津日子神等，至火神時，一共生育了三十五位神。

至此，兩位神的生活都幸福美滿，雖然他們也有遺憾，比如，在他們最初結合的時候，居然生下了怪物。為什麼會如此呢？這裡給出的解釋是：「女子先開口則不祥。」雖然，接下來並未解釋為什麼女子先開口則不祥，是因為女子卑微還是怎樣，但是這一句話，便打下了整部神話中嚴重的男尊女卑的基礎。在以後的日本，也有著很重的男尊女卑的社會現象。

愛情止於黃泉

生產火神的時候，伊邪那美命的產道被灼傷了，她艱辛異常，終於生出了火神，可是身體卻變得十分虛弱。她嘔吐不止，嘔吐物生出兩位神：金山毘古神、金山姬神。糞便也化成兩位神：波邇夜須毘古神和波邇夜須姬神。尿液化成兩位神：有彌都波能賣神、和久產巢日神。和久產巢日神後來有一位女兒叫豐宇氣姬神。

生產後，伊邪那美命的身體毫無康復的跡象，嘴唇蒼白，面如蠟色，身體沒有一絲力氣，一天不如一天，終於支撐不住，用哀怨的眼神望著丈夫，最後死去，魂魄到了死人的世界——黃泉國去了。

伊邪那岐命痛失愛妻，傷心不已，祂在伊邪那美命的屍身前悲痛欲絕：「為了生那麼個卑賤的小子，妳竟然犧牲了自己。這多不值得啊！是祂害死了妳呀！」伊邪那岐命傷痛的淚水化作泣澤女神。祂忍住悲痛，把自己愛妻的屍身安葬於出雲國和伯耆國交界的比婆山下，決心為妻子報仇。於是祂悲憤地拔出腰間所佩的十拳劍，奮力向罪魁禍首火神斬去，將祂的腦袋一刀砍了下來。祂發洩完立在地上，沾在劍尖、劍身、劍柄等處的血匯聚、滴下，一沾落地面就紛紛化成了神，這樣一共化出八位神。

被砍掉了腦袋的火神的頭、胸、腹、手、足等也漸漸各自化為了神。

伊邪那岐命報完仇，又思念起美麗溫柔的妻子來。祂想到了二神的結合儀式，想到二神在一起創造國土，一起生下眾神的美好時光，終於按捺不住，祂發誓說：「我伊邪那岐命一定要帶回我的美麗妻子，和她一起繼續創造國土，建立國家，生出眾神，要祂們去治理好這個美好的世界。」於是，祂一路跋山涉水，終於到了黃泉國。

伊邪那美命依舊是那樣美麗，可是卻多了一絲哀怨。她款款由黃泉國走出來，迎接了丈夫，執起祂的手，幽幽地嘆道：「祢能來這裡接我，我真的很高興。可惜祢來晚了，我已經吃了這黃泉國的食物，飲了這黃泉國的水，我已經是這黃泉國的一員了。我不能再與祢回葦原中國了。我們夫妻的緣份恐怕要盡了。」

可是伊邪那岐命怎麼會甘休呢？祂馬上回答：「沒有妳，我自己又有什麼意思呢？我一定會接妳回去，繼續生下孩子，建立國家，相親相愛。」

伊邪那美命問：「我已經來到了這黃泉國，變得污穢了，祢都不嫌棄我嗎？」

伊邪那岐命馬上回答：「儘管妳已經來過了這黃泉國，妳依舊是我的美麗高貴的妻子。」

伊邪那美命很感動，她想了想便道：「我親愛的丈夫特意為我做到這種程度了，我還能說什麼呢？我去向黃泉國的眾神請求吧！但是在此期間，祢絕對絕對不可以偷看。」

伊邪那岐命答應了，伊邪那美命便轉身離去了。

過了許久，伊邪那岐命還是不見妻子出來。祂有些不耐煩了，於是將髮上插著的木梳取下，將最粗的一齒折斷，點上火，將其做為火把，舉著它悄悄潛入進去，正好看到了自己朝思暮想的妻子。

可是看到的場景卻讓祂又驚又怕！

昔日美麗的身軀此時已經乾癟腐爛，散發出可怕的氣味，身上爬滿了屍蟲，稍有動作便簌簌掉落，身上還不時發出野獸般嘶吼的怪聲，細看時，竟是八個雷神纏繞在她身體各部分上。伊邪那岐命驚恐萬分，慌忙扔下火把，拔腿就逃。可是卻驚動了伊邪那美命。

她見自己的醜陋之態被丈夫看見，並還嚇成這個樣子，不禁惱羞成怒，大喊道：「祢為什麼要偷看！讓祢看到我這樣子實在是一種羞辱！」立刻派出了女鬼追擊。眼看就要被追上了，伊邪那岐命急中生智，邊跑邊把頭上戴的藤圈向後扔去，藤圈一觸到地上，馬上變成了一片巨大的葡萄林。

女鬼看到好吃的葡萄，馬上停下來，貪婪地吃起了葡萄。伊邪那岐命趁機趕緊跑遠。女鬼吃夠了葡萄又追了上來。這次伊邪那岐命將木梳的齒全部掰斷，扔到地上，頓時地上就長出了一片鮮筍，女鬼又貪婪地吃起來，伊邪那岐命又連忙逃開。

伊邪那美命並不死心，馬上命令在自己身體各部位的八雷神率領魔軍一路追擊，伊邪那岐命舉著十拳劍邊抵擋邊逃跑，可是魔軍卻越殺越多，無窮無盡。一直到了黃泉國與葦原中國的分界處比良阪。伊邪那岐命眼看自己就要被追上了，祂慌亂中從比良阪的桃樹上摘下三個桃子，向魔軍扔去，沒想到魔軍竟然一下子就被擊潰了。伊邪那岐命感謝桃子救了自己，道：「桃子啊桃子，你救了我！我要加封你！」於是將桃子加封為意富加牟亞美命。因此，便有了桃木可驅邪的傳說。

伊邪那美命見前幾次追殺都失敗了，最後便親自上陣，踏著黃泉國的風一路追來。伊邪那岐命找到巨大的石頭將比良阪的路死死堵住。伊邪那美命和她的魔軍無法越過石頭，只好生氣地說：「既然如此，我每天都要殺死祢的一千名國人！」

伊邪那岐命不服輸地回答：「那我就每天都誕生一千五百名嬰兒！」於是，每天都會死去一千人，也會出生一千五百人。

伊邪那岐命終於回到了葦原中國，祂確認了安全，漸漸平靜了下來。祂想：「天啊，我實在是瘋了，居然想要把那樣的女人接回來！不行，我去了那麼邪惡的地方，見到了那麼醜陋的女人，渾身上下都已經沾滿了污穢之氣了！我必須要潔淨自己才行！」

於是，祂來到了水邊，將衣物全部扔到一旁，祂所扔掉的手杖、腰帶、裙裳、內褲、帽子以及玉鐲，一共生成了十兩位不同的神。祂赤裸著身子看了一會兒水流，終於選中了中意的地方，跳了進去。細緻地清洗自己。

身上洗落的污垢共化成了四位神，祂在水底、水中、水面洗濯時，分別生成了六位神。最後祂上岸掬清水洗左眼，生成了太陽女神，即天照大神；洗右眼，生成了月亮神，即月讀命；洗鼻子的時候，生成了速須佐之男命。這三位是祂最中意的孩子，即為三貴子。

伊邪那岐命對這三個孩子非常滿意，也對祂們寄予厚望。祂取下頸上佩戴的勾玉項鍊，搖了搖，發出悅耳的聲音，賜給了天照大神，命令道：「妳，去治理高天原的事務吧！」

又看看月讀命，命令道：「祢去治理夜之國吧！」

最後，對速須佐之男命令道：「海國就交給祢吧！」

三個孩子於是領命而去。

伊邪那岐命和伊邪那美命從兄妹到夫妻，這點和許多神話都是相同的。如希臘神話宙斯和赫拉也是這樣。不同的是，伊邪那美命死後去了黃泉國，卻因讓自己的丈夫伊邪那岐命看到了醜陋的一面。曾經的深情馬上就變成了厭惡和憎恨。在日本的神話中，也有很多傳說是關於丈夫看到了妻子的本來面目導致兩人分離的。這又何嘗不是愛情中女子的悲哀呢？不過，關於兩位神的愛情故事，就此便畫上了句點，後文中再也沒有涉及，既沒有再描述兩位神的恩怨，也沒有出現伊邪那岐命再娶。

這段神話中，還有一個細節讓我們不得不聯想到希臘神話，那就是伊邪那美命吃了黃泉國的東西，不能回到人間了。希臘神話中，冥王哈迪斯誘拐春神後，因多方壓力，最終只得將她放回凡間。但是在這之前，卻騙她吃下四顆石榴。春神便每年有四個月必須待在冥府之中。

不過，這段神話還是有兩個地方讓人頗感意外。一是伊邪那美命的嘔吐物、糞便和尿液等穢物居然化作了神。她也會有這些穢物產生，可以說，是神具有人的特徵的具體展現。不過其他的神話中，往往為了維護神的美好形象，對於神是否有這些穢物是避而不談的。可是，神的穢物居然絲毫不污穢，卻化作了神。這樣的情節實在讓人不可思議。這似乎是在說明，神的一切都是聖潔的。而後面的神話中，也一再提到了嘔吐物等化作了神或食物。可以看出日本人奇異的認知。

其二就是兩位神對於自己不喜歡的孩子的處理方式。在生育國土與諸神的階段，因為不喜歡怪物一樣的水蛭子，就讓它順流漂走了。而伊邪那岐命因為覺得是火神害死了妻子，就殺死了祂，祂的血卻也化為了許多神明。對於不喜歡的孩子便任意處理掉，首先是為了表明兩位神的威嚴和最初世界的無序，其次也可以看出來，早期的神明在「人格」上仍然較為缺失，與後世的神相比，顯然神性更多而人性很少。

伊邪那美命雖然去了黃泉國之中，但是其母神的地位是無法撼動的。她後來便掌管了黃泉國，成為了亡靈國度的主人。

小知識　黃泉國

「黃泉國」是《古事記》中獨有的用語，意思就是黃泉。關於黃泉國的傳說產生於古墳時代，來自於中國的「黃泉」一說。「黃泉」原本指的是打井時向下挖掘到極深處出現的會是黃色的水，因為人死後埋在地下，所以也代指人死後去的世界。黃泉國借鑑了這一概念，並在日本文化的發展中，形成了伊邪那美命主宰的冥界。但是，《古事記》中並沒有對黃泉國進一步介紹。

高天原的治理者——天照大神

天照大神是伊邪那歧命在離開黃泉國後，以泉水所生的三貴子之一，即在其洗滌左眼的時候生出的。她一出生就受到了伊邪那岐命的重視，並委任她掌管高天原的大小事宜。

她個性堅韌，思慮深遠，果然將高天原治理得井井有條。她注重糧食生產，命人研製美味珍饈；還令人研製建築，為眾神各自建立了華美的宮殿；如此等等，高天原很快一片繁榮，眾神生活安樂，紛紛稱頌。

就這樣，過了一段時間，她聽說了一個消息，自己的弟弟速須佐之男向父神伊邪那岐命哭訴了一些事情，並離開了祂的領地海原，來到了自己的領地高天原。她想：「一定是速須佐之男不滿足治理區海原，現在想要來爭奪我的高天原了！」於是她穿好鎧甲，拿著武器，嚴陣以待。速須佐之男見到姐姐，欣喜異常，馬上將來龍去脈詳細說明，表明自己只是來辭別的。但是天照大神卻仍然不肯相信祂。

二神於是來到天安省，站在河兩岸。祂們約定用對方的配飾生孩子，要是誰生出女孩則是心思純明，要是誰生出男孩則是心存惡意。

天照大神便將弟弟的佩劍折斷放入水中洗淨，然後放入口中嚼碎，噗地吐出三個女孩；速須佐之男也將姐姐的珠串放入水中洗淨，然後放入口中嚼碎，噗地吐出五個男孩。這樣，速須佐之男的佩劍生出了女孩，便證明祂毫無惡意，得到了姐姐的信任。天照大神也因為自己並不相信弟弟而感到內疚，於是連忙帶著弟弟來到高天原。

可是，速須佐之男來到高天原之後，便肆意胡鬧，到處破壞，將天照大神的心血全都損毀了。眾神怨言頗多。可是，天照大神卻袒護弟弟，又因為之前懷疑了弟弟而愧疚，道：「祂畢竟還是個只會思念母親的小孩子呢！再說，第一次到高天原，看什麼都新鮮，鬧一會兒就好了。」

眾神於是只好隱忍不發。可是，速須佐之男竟然弄出了人命來！

天照大神

這下，眾神群情激憤，天照大神也難辭其咎。她怕自己也受到牽連，連忙到一個巨大的石洞中躲藏起來，並且緊緊關上石門，把自己關在其中，讓外人無法進入。石門剛一關，世界就因為失去了她的照耀而一下子黑暗起來，各式各樣的災難也接踵而至。

眾神慌了，連忙聚在一起商量辦法。最有智慧的思金神道：「我們各自負責一件事，最後再統一進行行動。」於是，眾神分工，先讓雄雞鳴叫，又備好了鏡子、勾玉，還進行了祈禱和祭祀，最後讓最有力氣的天手力男神藏到石門旁邊的隱蔽處。

一切準備就緒，於是聲樂聲起，美麗的天宇姬命馬上舞蹈起來，一邊以腳踏地發出很大的聲音，一邊展示著自己迷人的身材。眾神紛紛叫好，喝彩不已，歡笑一片。

天照大神聽到外面一片熱鬧聲，不禁詫異，悄悄將石門打開一個小縫，問道：「這是怎麼回事？我既然已經在洞中了，那麼外面的世界應該是一片黑暗了。可是，祢們卻在這裡唱歌跳舞，歡笑不已。這是在做什麼？」

天宇姬命停下舞蹈，道：「那是因為，雖然妳已經躲進石洞中，可是卻有其他高貴的神前來庇佑我們，這位神和妳相貌相似，但是身分卻比妳高貴上一百倍。所以，我們熱烈地歡迎她的到來。不信，妳可以自己看看。」於是，兩位神將鏡子搬到了天照大神的面前。

天照大神看到了鏡中的自己，大吃一驚，心想：「此人相貌果然與我相似。可是，她的身分比我還要高貴嗎？」於是，探出身子想看個仔細。這時候，躲在石門旁邊的天手力男神看準機會，一把將她拉了出來。整個世界才又有了光明。

天照大神可以說是日本神明中最有實權和威嚴的一位。她負責管理高天原，更派人管理葦原中國。她被譽為是神道教的最高神，也被奉為是日本天皇的始祖。她也是日本的太陽女神。因為在眾神將她騙出天岩洞之前，讓一隻雄雞引吭高歌，從此，雄雞便在日出前鳴叫喚出太陽。

但就是這麼一位幾乎完美的神，竟然也有缺點。一開始，她以為弟弟是來爭奪領地，在發現自己誤會之後十分內疚，便對弟弟異常縱容。在弟弟犯下大錯之後，她卻怕自己受到牽連而不負責任地躲起來，造成混亂。可謂人無完人，「神無完神」。

但是，眾神對於天照大神都很信服，在把她引出天岩洞的過程中，發揮了主要作用的神明，如思金神天宇姬命等，後來都成為了天照大神最信任的神，在之後常常被委與重任。而這裡的鏡子和勾玉等，也成為了神器，在之後賜給了天孫。

天照大神不僅是高天原的實際治理者，其對於葦原中國的狀況也十分關注，並最終發布詔令，讓天孫掌管了葦原中國。

小知識　神道教

神道教是日本本土的宗教，也是日本人廣泛信仰的宗教。明治時期，神道教受到了佛教的衝擊，加上朝廷要消剔除僧侶勢力，進行了廢佛棄釋的運動，禁止一切與佛教有關的事物，並宣布神道教為日本國教。天照大神是神道教的主神，而日本天皇又自稱是天照大神的嫡系後代，這樣政教合一的形式有利於對民眾的管理。

第二次世界大戰後，裕仁天皇宣布自己並非神明後裔，並且廢止神道教是國教的說法，但是長久以來，神道教已經深入了日本人的日常生活和思維方式之中，日本天皇是神的後裔一事對他們而言也是不可動搖的。

神道教起源於日本的原始宗教，最初的信仰就是自然，也就是所謂的「拜物教」。其中，日本人最信仰的就是太陽，最崇拜的就是太陽神——天照大神。

神道教基本上可以分為三種流派：供奉神社神明的神社神道、以天理教等新興教派與傳統融合的教派神道、民間自發祭祀的無組織的民俗神道。

夜國的主人——月讀命

月讀命是伊邪那歧命洗滌右眼的時候生出的，奉命看管夜國。她性格沉靜，做事果決，受到諸神的喜愛。

起初，她輔佐天照大神一起打理諸事，卻因為一件事情惹怒了天照大神，被迫與她分開居住。下面我們就來講講這個故事。

有一次，月讀命奉命去葦原中國看望保食神。天照大神囑咐道：「妳去探望她，一定要對她有禮，不可倨傲。」

月讀命答應了，便前往葦原中國，找到了保食神，表達了高天原對她的問候。保食神十分高興，道：「妳千里迢迢前來看我，讓我十分感動。那麼，就請允許我為妳準備佳餚，略表敬意吧！」月讀命自然答應了。

可是保食神並沒有準備食材，而是面朝大地嘔吐起來。月讀命連忙厭惡地躲到了一旁。但保食神嘔吐出來的卻是飯。她把這些米飯整理好，又對著大海嘔吐起來，嘔吐出的便是魚蝦。她放走了其他魚兒，只留下最大的一條。接著，她又面對群山嘔吐起來，這次吐出的是各種動物。她只留下了其中一隻，放走了其他的。

「這樣食材就齊全了。請稍等，飯菜馬上就好。」保食神說道。可是，月讀命卻怒不可遏：「我特意前來問候妳，妳卻這樣羞辱我！難道要我吃妳吐出來的這些噁心東西嗎？」於是，正在氣頭上的月讀命一劍殺了保食神。

月讀命回去向天照大神覆命的時候，便一五一十地將前因後果都說了一遍。天照大神聽後長嘆：「我要去妳探望她，妳卻將她殺死！我沒有妳這樣的妹妹！別讓我看到妳了！」於是，與她分開居住。自此，日與月便不再相見，白天與夜晚也界限分明了。

天照大神派人去看保食神的屍身，只見其頭部已經化作了牛馬，額上長出了粟米，眉毛化作了繭，腹部長出了水稻，私處長出了小麥和大豆、小豆。自此，人間才有了這些東西。

天照大神是高天原的實際統治者，她對五別天神和神世七代以外的所有的神都有管理的權力。月讀命掌管夜國並有預知的能力，是天照大神的有力輔佐者。但是，月讀命似乎是因為性格過於安靜，亦或是因為被天照大神隔離居住，她在後面的神話故事中幾乎沒有什麼出場，與最初的神明一樣過起了歸隱的生活。但是，日本民間對她的傳說其實並不少，只是換了一個名字——輝夜姬。

小知識

輝夜姬

月讀命因為殺了保食神而被天照大神逐到高天原的邊界，後來又被貶到了人間，成為了輝夜姬。輝夜姬十分想念高天原，想念姐姐天照大神，於是她決定想辦法回去。她需要得到五種寶物：蓬萊玉枝、火鼠裘、龍首之玉、燕之子安貝、佛前之缽。得到這些之後，她又得到了天之羽衣，終於回到了高天原。月讀命馬上去找姐姐道歉，可是天照大神見到她不容分說，又將她永遠發配到夜國去，與她再不相見。月讀命十分寂寞，更加思念高天原和姐姐。她按照姐姐的樣子雕刻了一個雕像，只是這雕像渾身都籠罩著淡淡的月色。月讀命將它命名為神久夜。時間久了，神久夜也獲得了神力，離開了月讀命，又剩下她孤身一人了。

任性的英雄——速須佐之男

大鬧高天原

速須佐之男是伊邪那歧命洗滌鼻子的時候生出的，也是三人中唯一的男孩，性格頗為孩子氣，常常讓人又愛又氣。

最初，速須佐之男分得的領地是大海，和自己的姐妹一樣，接到父親的命令後，祂也立刻走馬上任，成為大海的君主。不同的是，祂上任後，並不用心治理自己的領土，卻開始日夜不停地哭泣，思念自己那遠在黃泉國從未謀面的母親。

這樣的情況持續了很久，曾經的小男孩已經長成了健碩的成人，胸前都已經飄起了長長的鬍鬚。但是情況絲毫沒有好轉，速須佐之男依舊日夜不停地哭泣。伊邪那歧命在長久的忍受後終於暴跳如雷：「只會哭泣的話，就不要做大海的君主了！從此離開祢的領地！」

速須佐之男忍住了哭泣道：「那麼請允許我在離開之前再去高天原拜會一下天照大神姐姐，向她辭別吧！」伊邪那歧命答應了祂的請求，速須佐之男便馬上動身了。

天照大神聽說了弟弟前來的消息，認為弟弟此行絕對不單純。她嚴陣以待。速須佐之男一再解釋，並用生子為賭注，表明了自己的誠意，天照大神才相信了祂。

速須佐之男第一次踏入高天原，異常興奮。在和姐姐的打賭中，祂勝出了，也十分得意忘形。祂仗著這是自己敬愛的姐姐的領地，於是肆意妄為起來。祂開心地到處奔跑，看到農田生長得很好，不禁十分高興，一路衝了過去，很快，農田就全部損毀了。祂又見到曬著的糧食金燦燦地很好看，不禁一把抓過來扔向天空，這下，已經曬好的糧食也全沒了。他見到人群聚集在一起，不禁好奇地衝撞過去，結果把行人撞倒了好幾位。祂繼續奔跑，跑到房屋旁邊，一腳將人家的房子踢倒了。

抱怨之聲四起。天照大神卻不以為意，沒有制止。

速須佐之男跑累了，又想了新花樣，他將一匹馬活活剝去了皮毛，然後從人家屋頂上扔進屋子裡。屋內的女孩正在聚精會神地做針線活，突然見這血淋淋的龐然大物從天而降，一時驚駭不已，竟然嚇死了。

這時候，眾神都忍不住了。決定去質問縱容弟弟而不行管理之職的天照大神。天照大神見犯了眾怒，心中也害怕起來，連忙躲進天岩屋，將石門緊緊關閉，不肯出來。瞬間，整個世界沒有了半點光明。

如前文在日照大神的故事中所言的，眾神集思廣益，費盡周章才將天照大神引出來，終於解決了這個難題。

斬殺八岐大蛇

速須佐之男在高天原上這樣胡作非為，嚇死了一位女子，又憑一時之氣殺死了掌管飲食的大氣都姬，天照大神終於怒不可遏，將其逐出高天原，並喝令：「不要再回來了！」

速須佐之男於是垂頭喪氣地到達了出雲國的肥河上游，心情極其沮喪。祂望著河面想著心事，忽然見到有竹筷子順流而下。

「向上走，一定有人家。我去看看。」祂想著，便信步走去。果然，看到了一對年邁的夫妻，還有一個如花的少女。奇怪的是，三人竟然相對哭泣。

速須佐之男感到奇怪，於是走上前去詢問：「你們是什麼人？為什麼哭得這樣傷心？」

老者於是忍住哭泣回答：「我是國津神，是大山津見神之子，名叫足名椎。這位是我妻子，名叫手名

速須佐之男殺死八岐大蛇

椎，我倆一直在這裡恩愛生活。這是我女兒，名叫櫛名田姬。我家中原本有八個女兒，個個聰慧可愛，一家其樂融融。可是有一天，八岐大蛇來了，一口就吞掉了我的一個女兒。我們眼睜睜地看著，卻沒有任何辦法。更恐怖的是，從此以後，牠每年都來吃掉我的一個女兒。如今，我們只剩下了這最小的女兒了，卻又到了牠每年到來的時間。我這最後一個女兒也將要悲慘地離開我們了。此時便是我們最後的團聚時間，因此痛哭不已。」

速須佐之男又問：「那這八岐大蛇是什麼樣子？」

足名椎回答：「這八岐大蛇十分恐怖，祂有八個腦袋，八條尾巴。每個腦袋上的眼睛都血紅地瞪著，大口一張，能吞下一座小山。身體有八個峽谷那麼長，身上長著各式各樣的樹木藤蔓，腹部潰爛血腥一片。八條大尾巴相互纏繞，發出怪聲。真是可怕極了。」

聽完之後，速須佐之男沒有再問，而是話鋒一轉說：「祢的女兒真是美麗動人，遇到這樣的厄運，我也十分同情。如果我能讓她度過難關，可以把她嫁給我嗎？」

足名椎回答：「如果能這樣，真是太好了！可是，還不知道你的尊姓大名呢？」

速須佐之男回答：「我來自高天原，是天照大神的弟弟。因為犯了錯誤，才流落至此。」夫婦兩人聽了大喜，連忙跪拜：「祢就是三貴子之一的速須佐之男大神啊！之前不知祢的身分，怠慢了祢，真是太失禮了。若祢能救下小女性命，身分又如此高貴，能把小女嫁給祢，實在是我們的福氣了！」

速須佐之男點點頭，請祂們起身，將插在頭上的髮梳取下，將其化作一個童女，並告訴夫妻二人說：「你們快去釀八壇烈酒，並紮好結實的柵欄，在柵欄上留好八個門，每個門上都結好架子，架子上放好酒槽，酒槽裡盛滿釀好的烈酒。然後就等著那八岐大蛇到來吧！」夫妻兩人依言而行。

很快，八岐大蛇果然來了。牠正像足名椎描述的那樣，狀貌恐怖，吼聲驚人，一時間，震天動地，雷光浮動，令人恐懼不已。

八岐大蛇聞到了誘人的酒香，循著味道就把八個腦袋鑽到了柵欄上的門裡，貪婪地飲起酒槽裡的烈酒來。不一會兒，酒就全進了牠的肚子。八個大腦袋全暈了，栽倒在柵欄門裡，鼾聲大作。

速須佐之男舉起十拳劍，一口氣將牠的八個頭顱全部斬下，之後又不停歇地將牠的身體和尾巴搗成肉泥。一時間，整個肥河的水都被染成了血的顏色。

速須佐之男劈開蛇尾的時候，手中的劍忽然有了裂縫。速須佐之男正感到十分奇怪，仔細一看，蛇身裡有一把奇特的大刀。速須佐之男很高興，便對敬愛的姐姐天照大神詳細說了這件事，並把刀獻給了她。這把刀就是後世所說的天叢雲劍。

八岐大蛇被斬殺後，速須佐之男便如前面約定的，和足名椎的女兒櫛名田姬結了婚。婚後，速須佐之男馬上去找其他適合居住的地方。來到須賀的時候，速須佐之男頓感心情舒暢，於是在這裡造了祂們居住的宮殿。

建國擴土

在速須佐之男建築宮殿的時候，有祥雲不斷從地面升騰，於是速須佐之男開懷唱道：「八層雲出，出雲國中八重垣；為使吾妻居於此，故建八重垣；在此八重垣之中。」

祂喚來足名椎說：「我任命祢做我宮中的總管，封祢做稻田宮主須賀之八耳神。」並把這國家命名為出雲國。

可是，這裡的國土很少，速須佐之男感到很不滿足。祂想：「要怎樣才能把國土擴大呢？」這時候他到處張望，看到了朝鮮半島上有一塊突出的土地，突然高興起來：「那不是多出來一塊嗎？我把它拿來就可以了！」便拿起一把巨大的鋤頭，轟隆一聲，把這塊土地和朝鮮半島分開，用巨大的繩索綁好，又拉又拽，氣喘吁吁，終於把這塊土地接到了出雲國原本的國土之上。祂又在這塊土地下面夯入了巨大的木樁，在上面綁好了結實的繩索，以防它漂走。之後，祂又用同樣的方式讓自己的國土增加了許多。

後來，祂乘船來了朝鮮半島，看到那裡有許多金銀財寶，不禁十分欣喜。可是，祂沒有大船能把這些財寶運回去。祂返回出雲國，馬上把自己的鬍鬚、胸毛、眉毛等全都拔下來，扔到地上，化作了無數的高大樹木。於是，祂便用這些樹木造成船，運回了金銀財寶。

速須佐之男是眾神子中唯一一個思念伊邪那美命，想要去黃泉國尋找她的，日夜哭泣可以看出他孩子氣的性格。到了高天原後竟然忘了自己本是來辭別的，反而肆意妄為，還衝動地殺死自己的姐妹。又表現出了性格中任性、殘暴的一面。

到了葦原中國後，祂自告奮勇殺了八岐大蛇又顯出英勇仁義的一面。不過，祂也是有條件的，那就是：「我幫祢們殺了八岐大蛇，祢們要把女兒嫁給我。」從這點上說，祂的豪義又有了自私的一面。而在之後，大國主神的故事中，祂又做為了一個強大的父親，用種種手段測試自己的女婿，表現了祂對女兒無微不至的愛。但是測試的手段卻全部是要把對方置於死地，又顯示了祂的自大和殘忍了。

可是說，速須佐之男的性格極其矛盾多樣，從各個故事來看，彷彿不是一個人所為。事實上，速須佐之男也有自己的行為準則，那就是「看心情」。可以說，祂是一個極其隨心所欲的人，不計較善與惡，只做自己想做的事情。日本人最喜歡說的一句話就是：「遵從自己的心。」祂們認為，只要做了自己心中所想的就是對的，往往不去做道德上的思考。

祂擴展國土的方式，是把別人的國土接到自己的國土之上。祂跑到朝鮮半島上去拿金銀財寶，側面表現出國土匱乏、資源短缺的日本人侵略擴張、掠奪財富的意識。

小知識　對速須佐之男的懲罰

速須佐之男大鬧高天原之後，眾神對祂進行了懲罰，祂們將祂的鬍鬚和指甲拔光，然後才將他趕出高天原。為什麼拔光祂的鬍鬚和指甲呢？實際上，鬍鬚和指甲代表了祂所犯下的罪過，將它們拔下來是把罪行從祂的身體和靈魂上清除掉的儀式，而將祂趕出高天原才是對祂的懲罰。

忠厚又好色——大國主神

大國主神生性忠厚，愛幫助別人，也容易相信別人。這樣的性格讓祂吃了很多苦頭，也為後來成就大家奠定了基礎。

八十神的迫害

大國主神有八十個兄弟。八十個兄弟都想向著名的美女——稻羽的八上比賣求婚。於是他們結伴前往稻羽，卻欺負大國主神，要祂一個人背著所有人的行李。見到八上比賣後，八十神一個個訴說衷腸，表達思念和愛慕之意，並從大國主神背著的行李中拿出珍貴的禮物，獻給八上比賣。

八上比賣認真地聽完了八十神的求婚，然後一一拒絕了。她堅定地說：「抱歉各位，我已經有喜歡的人了，我要嫁給他。」說著，含情脈脈地望向了大國主神。大國主神贏得了美人的青睞，也十分歡喜。可是八十神聽了卻大怒，說：「八上比賣這樣美麗的女子，祢也配得上？沒有祢，她就會答應我們的求婚了！她一定要成為我們其中一人的妻子！」於是，八十神相約立誓要殺死大國主神。

八十神湊在一起，仔細地商議了一個詭計並且馬上實施了。

八十神和大國主神行進到伯伎國手間山時，八十神裝出一副仁慈的樣子對大國主神說：「這山上有赤野豬，十分兇猛，危害一方。我們所有人一定要除掉這赤野豬，為民除害。我們八十個兄弟先上山去，合力將牠趕下山，祢最強壯，所以你就負責在這山下，等著牠下來，之後一把將牠抓住。」然後，他們還假惺惺地囑託：「祢可千萬要小心點，不然，祢抓不住牠，牠會殺了祢的！」

八十神這樣說著，便結伴上山去。不過，祂們可沒有去找什麼赤野豬，而是找了一塊很像野豬的巨石，點起大火，把巨石烤得通紅。直到巨石炙熱的連祂們自己都要受不了了，便用撬棒把巨石滾下山去。大國主神見了這巨石，以為是赤野豬來了，連忙按照先前的約定，撲過去抓「野豬」。可是，野豬沒抓到，祂卻被巨石上的火烤死了。

祂的母親——刺國若姬知道了這件事情，悲痛不已，傷心欲絕。她跑到高天原，將整個過程告訴了神產巢日神，希望有辦法救自己的兒子一命。神產巢日神也很同情大國主神，便派蚶貝姬、蛤貝姬二神，命祂們使大國主神復活。蚶貝姬輕輕地刮削自己的貝殼，一遍又一遍，刮出無數新鮮的貝蛤粉

出雲大社的大國主神銅像

來。而蛤貝姬則以蚶貝姬刮出的貝蛤粉，混入蛤汁母乳，製成膏狀，然後塗在大國主神的全身。很快，本來已經死去的大國主神就恢復了生命，張開眼睛，能言能走，身體也比原來更加的俊美健壯。

八十神見到大國主神居然復活了，怒不可遏，又商議了一個詭計。祂們騙祂說：「上次真是對不起了。這次請和我們到山中去，我們向祢謝罪。」可是，祂們卻劈開一棵巨大的樹木，將大國主神狠狠地釘在樹中，令其不能動彈，然後將樹合上。刺國若姬聽說自己的兒子和那八十個兄弟出去了，連忙哭著到處尋找，最後終於找到了線索，把大國主神從樹木中救了出來。

八十神對大國主神的殺心如此堅定惡毒，刺國若姬也害怕了，對兒子說：「祢要是繼續留在這，你的兄弟們是不會放過你的。你快逃走吧！」大國主神趕緊連夜出逃，到了木國大屋毘古神的地方。可是，八十神全副武裝地追來，要大屋毘古神把大國主神交出來，不然就要不客氣了。

大屋毘古神對大國主神說：「你快去速須佐之男的根之堅洲國，去請求他的幫助！」

大國主神起初被眾兄弟排擠和欺負，大概是因為祂性格忠厚老實，而八十神卻都是奸猾狠毒的人。在得知八上比賣選擇了大國主神的時候，八十神怒不可遏，接二連三地設計將大國主神置於死地。但是大國主神卻對這些兄弟們說的話深信不疑，並且接連上當。死後好不容易復活了，居然還相信祂們。直到祂的母親要他逃走，祂才恍然大悟，連夜離開。這時候的大國主神，讓人感到不僅是忠厚老實，還盲目相信別人，有點笨的可愛了。

速須佐之男的試煉

大國主神趕緊去了根之堅洲國，在那裡祂遇到了速須佐之男的女兒須勢理姬。二神一見鍾情，當下自行結合，成為夫妻。隨後須勢理姬到殿中向速須佐之男稟告：「父神，外面來了一個很英俊健壯的男神呢！」

速須佐之男已然知道了女兒的心意，便有心要試試這位女婿。於是祂請大國主神進來，然後讓祂住到蛇屋裡。須勢理姬怕夫君被蛇咬死，便偷偷把蛇披風送給大國主神道：「要是有蛇要進攻祢，就把這個舉三下！」因此，大國主神得以安然無恙地在蛇屋中度過一夜。

第二天，速須佐之男見他安然無恙地出來，便又叫他進入了全是蜈蚣和黃蜂的屋子，須勢理姬仍然是擔心丈夫，於是又偷偷拿來了有相似作用的披風給他，所以大國主神仍然安然無恙。

但是，速須佐之男還不滿意。他換了一個方法，說：「我在原野上射一隻箭，你去把它撿回來。」大國主神領命。速須佐之男射出箭後，大國主神便去了原野。這時候，速須佐之男卻在原野的四周燃起熊熊大火。大國主神站在原野中，看到四周突然燃起的大火，不知所措起來，心想：「我今天死定了！」

正在祂不知該如何是好的時候，一隻小老鼠來報告說：「這裡有一個洞，先委屈祢躲一躲，火燒不進來的。」

大國主神趕緊隱藏到洞中，火勢從祂的頭頂上掠過，奔騰而去。小老鼠又將速須佐之男射出的箭叼來獻給大國主神，箭羽都已經被它那些淘氣的孩子們啃光了。

在外面，須勢理姬已經身著喪服，嚎啕大哭。速須佐之男也覺得大國主神死在火海之中了，於是轉身離開原野。

然而，大國主神卻手持箭支安然無恙地出現了。這讓速須佐之男暗暗欣賞，也讓須勢理姬驚喜不已。

接著速須佐之男又給祂出了個難題，就是叫祂取出自己頭上的蝨子。可是，速須佐之男的頭上沒有蝨子，反而是有許多蜈蚣，須勢理姬便取來椋木的果實還有與赤土給大國主神，要祂咬碎椋木的果實然後含著赤土吐出，速須佐之男見了，以為祂是咬碎蜈蚣之後吐出的。便在心中對祂產生了憐愛之情，心中默認祂通過了測試，可是卻沒再說什麼，便去睡覺了。

大國主神趁著速須佐之男睡著的時候，把祂的頭髮繫在房中的每一根柱子上，又用許多大石頭堵住了房間的出口。背著自己的妻子須勢理姬，偷偷拿著速須佐之男的生大刀、生弓矢、天沼琴逃出。

可是，剛走不遠，天沼琴碰到樹木發出巨大的聲響。速須佐之男聽到聲音，立刻就醒了。可是，祂卻發現自己被困在了房間內。祂馬上解開頭髮，推走巨石追上去。但大國主神已經帶著妻子逃遠了。速須佐之男追到比良阪的時候，終於停下來，遠遠在後面喊道：「用祢拿著的生大刀、生弓矢，把祢那八十個兄弟都逐出祢的領地，把祂們流放到大地的盡頭，海洋的邊界。祢便可以好好治理祢的國家。然後，祢要讓我的女兒須勢理姬做你的正室，在宇迦山山麓建立起華美的宮殿，在一起幸福生活！」

大國主神按照速須佐之男的囑託，用生弓矢、生大刀征服並流放了他的兄弟們，並認真治理國家。

在那之後，他也迎娶了一直癡心等他回來的八上比賣。但是因為害怕須勢理姬吃醋，更害怕速須佐之男報復，於是他在八上比賣生下孩子後，把孩子吊在叉木上就離開了。可以說，這種行為懦弱而不負責任。這個孩子就是木岐神。

速須佐之男為了女兒對大國主神進行了一系列的試煉，雖然在須勢理姬的幫助下最終都有驚無險安全過關，但仍然是十分艱鉅的任務。最後，速須佐之男默認了這位女婿，認為祂確實配得上自己的女兒，對祂偷走自己的幾件寶物，帶著女兒逃走的行為也沒有追究，反而還告訴祂怎樣對付八十神。大國主神可以說是藉著岳父的力量東山再起了，對自己的妻子須勢理姬也是又愛又敬還有些畏懼。

祂對於須勢理姬的忌憚，可以從他對八上比賣的態度上看出來。本來，祂與八上比賣結緣在先，遇到須勢理姬就把這段感情拋到腦後了。後來雖然也娶了八上比賣，卻只能偷偷摸摸的，甚至連祂們的孩子都不敢照料，只將他扔在一旁，任其自生自滅。可憐的八上比賣，千挑萬選挑中的丈夫，雖然忠厚，卻也懦弱。可憐那些愛她愛到要除掉大國主神的八十神，要是當初她選擇了他們中的一個，會不會有好的結局呢？

迎娶沼河姬

大國主神雖然生性敦厚，但是在他先後娶了須勢理姬與八上比賣的行為就能看出他的弱點，那就是好色且不負責責任。

這次，祂又看上了高志國的沼河姬，要去求婚。可是要怎麼做呢？於是，他想到了對歌的方法。祂走到沼河姬的門外，用洪亮優雅的嗓音唱道：

八千矛神坐國中，多島之國無以妻。聽聞遙遠高志國，賢明之女俱尚在，

久聞動人麗美貌，為之與汝求於婚，余心躍動遂來此，大刀所配繩未解，
配刀未解襲未脫，推搖少女所眠門，余立門外頻搖戶，余仍佇立於門外，
青山鵺鳥作哀鳴，原野雉雞為鳴啼，庭中公雞已報曉，聲聲令人心以煩！
欲將鳥兒俱打下，不使鳥等續作鳴，翱翔青空信使鳥！將此代言傳於汝！

沼河姬聽了，芳心暗許，便打開窗子，應和唱道：

八千矛神且聞之，妾者弱女心似鳥，沙洲水鳥慕求夫。今雖能隨妾心為，
不久將從汝心動。是以勿殺群鳴鳥，翱翔青空信使鳥！俱事傳訟訴與汝！

之後又唱道：

待日落山夜中時，顏必朗笑出迎夫，如此候君所到來。君能愛撫妾皙腕，
撫妾雪白兮酥胸。我倆纏綿枕妾手，展君雙腿安以息。
故君心勿過思勞，妾之八千矛之神！俱事代言訴與汝！

於是，第二天夜裡，兩人成婚結合。

大國主神的正室須勢理姬生性好妒，很愛吃醋。大國主神怕她會生氣，頓覺左右為難。祂便用甜言蜜語討好須勢理姬，騎在馬上，歌唱：

黝黑御裳慎以著，如海鳥狀俯胸前，又似鳥者拍拂袖，甚覺此衣不適吾，便似退浪褪衣裳。

翠鳥青衣慎又著，如海鳥般俯胸前，似鳥拍拂御衣袖，亦覺此衣不適吾，復如退浪褪衣裳。
蓼藍擣衣慎再著，如海鳥狀俯吾胸，如鳥拍拂吾衣袖，覺此衣者甚適吾。
綺麗吾妻須勢理！若吾如鳥群飛離，率人領眾離汝去，
或如隨鳥飛離鳥，隨眾棄汝離此去，即使汝強言非泣，蓋似山腳芒垂泣！汝之嘆息如朝雨，化為霧氣籠四圍，嘆息霧氣籠罩矣！
可愛吾妻須勢理！以此代言傳於汝！

之後，須勢理姬手捧著酒杯，走到大國主神旁邊，敬酒和歌：

八千矛之大御神，汝者妾之大國主，汝既身為御男神，是故巡島之碕碕，
故有數妻居各所！然妾者為卑女神，除汝者外另無夫。
身居綾垣飄垂下，其下苧衾柔被內，沙沙鳴響栲衾中，
我倆相互為纏眠，汝撫卑妾皙酥胸，栲綱白嫩妾玉手，
以妾玉手枕以眠，展汝雙腿休憩矣！望汝盡飲豊御酒！

兩位神這樣相互應和著歌曲，同時飲下交杯酒，來增加夫妻之情，互相擁抱溫存，和睦至今。

以上五首歌曲被稱作神語。

這段故事中的大國主神表現出了極其「人性化」的一面，也就是說與其是做為神，更像是做為一個男人在行動。祂的做法簡直令人哭笑不得。

首先，祂看上了沼河姬，便選用了浪漫的一招進行求婚，那就是與其對歌。並且，在對歌中祂唱到：「八千矛神坐國中，多島之國無以妻。」先誇一下自己，我擁有國家，我的國家有眾多領土，最重要的我還是單身。這個時候，祂至少有須勢理姬和八上比賣兩個妻子，卻仍然以「單身」的狀態去和女孩子交往。在與沼河姬結合後，才想到家中還有一個厲害的妻子須勢理姬，又用同樣的對歌的方式表明，別的女人都是過眼雲煙，只有妳才是我的永恆。真可謂是男人的慣用伎倆。

而須勢理姬的回答也很有意思：「汝既身為御男神，是故巡島之碕碕，故有數妻居各所！然妾者為卑女神，除汝者外另無夫。」祢是男神，祢理應妻妾成群，我是女神，只能為祢這一個丈夫守候。極度的男尊女卑的思想表現非常徹底。

最有意思的是，沼河姬和須勢理姬回應祂的時候，都對自己的身體有露骨的描寫，對於男女的結合也都進行了直接的表達。事實上，前面我們也看到，須勢理姬和大國主神互有好感，便自行結合，直接成為了夫妻。從這一點上，可以看出日本對於性的開放和自由。

合力建國

大國主神在出雲國的時候，一天，有神披著蛾皮做的衣服，自波穗乘羅摩船逐浪至此。大國主神問其姓名，祂卻不回答。問左右諸神，竟然沒有一個人知道祂的名號。這時候，一隻蟾蜍出主意說：「久延毘古神見多識廣，一定知道這位神的名號。」

久延毘古神是誰呢？祂是山田之間的稻草人，雖然足不能行但是卻知道天下事，是位博學的神。

大國主神於是召久延毘古神詢問。果然，久延毘古神想了想，回答說：「這位神是神產巢日神的兒子，叫做少名毘古那神。」於是，大國主神不敢怠慢，連忙去請示神產巢日神的神諭。神產巢日神回答說：「這確實是我的兒子，是從我的指間溢漏出生的，與祢也算是兄弟。祢們要合力建設國家，並努力鞏固，令國家昌盛。」所以，大國主神和少名毘古那神一起建設國家。在國家建成之後，少名毘古那神又乘船返回彼岸的常世國去了。

少名毘古那神回了自己的故鄉，大國主神發愁了：「我隻身一人，怎麼能夠建好國家啊？哪位神能和我一起建設國家呢？」

這時候，有一道光折射出神的影子：「如果祢能祭祀我的英靈，我就能和祢一起建設國家，不然祢很難成功。」

大國主神問道：「可是，祢的英靈什麼樣子，如何祭祀？」

「環繞大和青垣東之山進行祭祀就可以了。」這個神就是坐御諸山的大神。

這段故事中，大國主神初步掌握了權力，並且對國家進行建設，做為一個國主正在慢慢成長。在這階段，他與其他的神共同建設國家，如同國主尋找良臣輔佐一樣。少名毘古那神幫助大國主神推廣稻穀和粟米，而久延毘古神是稻草人，大國主神是代表著農業的神，也只有祂才能讓這兩位神進行幫助。

小知識 娶妻與王權

大國主神一方面忠厚老實，被八十個兄弟欺負和追殺，另一方面又十分狡猾，這一點從祂不斷娶妻中可以看出來。祂娶妻不僅僅是因為好色，更是因為可以透過聯姻的方式來鞏固自己的勢力。祂的正妻須勢理姬自不必說，父親是速須佐之男，她是大國主神建立國家和治理國家最重要的支持力量。而八上比賣能夠得到那八十個兄弟的全部青睞，可見除了美貌之外也是身分不凡。沼河姬則是高志國中的一位公主。之後他娶的幾位妻子也都是有尊貴地位的人。因此，大國主神「好色」的背後，還有依靠這種方式來鞏固自己王權的意圖。

神界的背叛者——天若日子

天照大神發布詔令：「葦原中國應該由我的兒子來治理。」於是，天忍穗耳命降臨在天浮橋上向下觀察道：「葦原中國有騷亂之象。」於是返回高天原請示天照大神。

高御產巢日神與天照大神把八百萬神聚集在天安之河原，向祂們說明了情況。天照大神道：「葦原中國應該由我的兒子來治理。但是現今世道，兇惡暴亂的治國之神也有不少。應當派哪個神去，才能讓大家都歸順呢？」最有智慧的思金神與眾神商量之後，回稟：「可以讓天菩比神前往葦原中國，為你分憂。」

於是，天菩比神做為使者前往葦原中國。但是祂去了之後，卻道：「我是高天原的使者，特此來問候大國主神。看到您將葦原中國治理的如此壯麗，心中佩服，願意追隨您。」大國主神也不負祂的期望，賞賜了祂很多金銀珠寶，讓祂過著富足安逸的生活。天菩比神早把自己的使命目的忘到腦後了，一心討好大國主神，以期得到更多好處。結果，三年過去了，天菩比神也沒回來稟報一次。

於是，高御產巢日神和天照大神十分憂慮，便又召集了諸神，問道：「當初你們說天菩比神值得信賴，能完成任務。可是現在，祂到了葦原中國已然三年，卻沒有半點消息。這麼久都不回來稟告情況，該派誰去問問祂原因呢？」

於是，思金神與諸神商議後，回答：「可派天津國玉神之子——天若日子前往，祂十分能幹，值得信任。」於是，高御產巢日神和天照大神將天之波士弓與天之加久矢兩件神器交予天若日子，要祂一定要早日完成使命，及時覆命，一旦遇到不詳之事，可以用這兩件神器斬殺邪神。

天若日子滿口答應，但是祂到了葦原中國後，卻看到天菩比神過的富足快活，便也動心了。就在這時候，祂又看上了大國主神的女兒下照比賣。大國主神看出祂的心思，當即把女兒嫁給祂。天若日子也過著富足安逸的生活。但是祂卻還是不滿足，心想：「我能力出眾，怎麼可以和天菩比神那個庸才一樣，就這樣滿足了呢？大國主神能力平平，天照大神之子也不過身分尊貴。只有我才是真正有能力治理好這個國家的人。」於是，祂便處心積慮想要取代大國主神，自己成為國主。就這樣過了八年，祂都沒有返回高天原覆命。

於是，高御產巢日神和天照大神便再次聚集了諸神，問道：「上次的天菩比神三年不覆命，這次的天若日子更過分，八年都沒有音信。唉，這次又該派誰去問問情況呢？」

思金神與諸神商議後，回答：「可派遣一隻叫做鳴女的野雞去。野雞是不會被人間的利益誘惑的。」天照大神便召來鳴女，命道：「你去問問天若日子，要祂去葦原中國的使命祂還記不記得？為什麼竟然八年都不回來覆命？」

鳴女降臨到天若日子門前的樹上，複述天神的詔命。天佐具賣負責聽取天命，她在聽到鳴女的傳達之後，卻故意扭曲，對天若日子說：「這隻鳥叫的太不吉利了，讓人心煩意亂，一定會招來禍亂的。快殺了牠吧！」天若日子也沒有疑心，便拿起當年從高天原帶出的天之波士弓與天之加久矢，一箭射殺了鳴女。

可是，箭支並未停留在鳴女身上，而是以強大的神力穿透鳴女，直通雲霄，落到了高天原之上神產巢日神與天照大神的居所。

神產巢日神發現了這支箭，上面還沾著鮮血和羽毛。祂對眾神說：「這是當日賜給天若日子的箭。要是祂沒有耽誤使命，是為了射殺邪惡的神而出箭的，那這支箭就不會射中祂；要是祂有二心，那就會死於此箭之下。」說罷，將那支箭原路射回。

天若日子尚在睡夢中，突然神箭從天而降，狠狠刺入祂的身體裡，祂便立刻中箭而亡。

所以，現在日本有「還矢之可恐」的說法，也有「雉之頓使」的成語。

天若日子死後，妻子下照比賣悲痛欲絕，放聲痛哭。這哭聲十分哀怨，傳到了高天原上。天若日子的父親天津國玉神也十分傷心，聽到了哭聲之後，便來到葦原中國為兒子建立了一座喪屋。命令河雁搬運食物，白鷺擔任掃持，翠鳥位為御食人，雀為搗米女，雉則充當哭女。就這樣過了八天八夜，來祭祀死去的天若日子。

這個時候，阿遲志貴高日子根神前來弔唁天若日子。祂是天若日子的好友，樣貌也與天若日子十分相似。天若日子的父親天津國玉神在傷心糊塗中竟然認錯了人，喊道：「我的兒子！我的兒子沒有死！我的兒子又回來了！」天若日子的妻子也是同樣的情況，撲過去大叫：「夫君，你回來了！」

阿遲志貴高日子根神感到忌諱，便十分生氣，怒道：「我基於好意來弔唁亡者。你們卻用死人的名號來稱呼我，這不是詛咒我嗎？」話音未落，祂便拔出佩戴的十拳劍，揮劍把喪屋劈開，又把靈堂踢得七零八落，狠狠發洩一番才揚長而去。這時候祂的妹妹高姬命看到哥哥揮劍的樣子，並未責怪祂對死者不敬，反而歌頌祂揮劍的英姿道：「如同天之織女額上的美玉，那穿著細繩的美玉綻放出的耀眼光輝，越過兩個峽谷發出迷人光彩，那就是阿遲志貴高日子根神的英姿！」

小知識　天邪鬼

天若日子聽到鳴女的聲音時，問身邊負責聽取天命的天佐具賣是什麼意思。天佐具賣卻搬弄是非說這是凶兆，要祂殺死鳴女，從而給天若日子招來了殺身之禍。人們認為當時說話的不是天佐具賣，而是天邪鬼。天邪鬼是一種惡鬼，專門模仿人的聲音與人說話，並故意說一些和事實相反的話，引起人的禍亂。

無敵戰神——建御雷之男神

建御雷之男神是一位戰鬥神，擁有著無比強悍的戰鬥力。前兩次選擇使者不當致使平定葦原中國失敗，高天原決定派出戰鬥神，以武力解決。

天若日子死了，天照大神又詢問眾神：「這回派哪位神去比較好呢？」

思金神與諸神回答說：「坐鎮於天安之河原上天石屋的伊都之尾羽張神是合適的人選。除了這位神，祂的兒子建御雷之男神也能勝任。然而，天尾羽張神居住的上天安之河水道堵塞，祂恐怕無法成行，可以派天迦久神去問問祂。」

於是，天迦久神馬上去問，天尾羽張神回答道：「我恐怕不能去了，但是我的兒子建御雷之男神可以去。」因此，高天原決定派建御雷之男神前去葦原中國。天照大神加派天鳥船神隨建御雷之男神一起前往。

這二神結伴前往出雲國伊那佐的小港灣上。祂們拔出十拳劍，直刺在大國主神面前的地上，坐在刀刃旁邊，問道：「高御產巢日神和天照大神對葦原中國的事務頗為關心。祂們派我們來問問祢，祢所統治的葦原中國，應該由天照大神的兒子來統治，那麼，祢心裡是怎樣想的呢？」

大國主神回答：「我不能回答祢。讓我的兒子八重言代主神來回答祢吧！不過祂去狩獵了，目前還沒回來呢！」於是，天鳥船神把八重言代主神叫回來詢問。

八重言代主神對自己的父神說：「葦原中國還是應該立天照大神的兒子為國主。」說罷，便化作一縷煙，將自己的身形隱去。

建御雷之男神對大國主神說：「祢這個兒子已經這樣說了，還有別的兒子來替你回答嗎？」「還有一個兒子，叫建御名方神。」大國主神說罷，建御名方神就舉著千斤重的石頭來了，道：「誰跑到我們的地盤上吵鬧的？還是用力量說話吧！看我先把你的手掰下來！」

然後，建御名方神剛碰到建御雷之男神的手，就見那隻手先化作了寒冰，又變成了利刃。建御名方神馬上知道自己不是對手，連忙後退逃跑。

可是，祂還是跑得不夠快。建御雷之男神很快就追上祂，一把抓住祂的手，輕而易舉地掰斷，就好像摘一片葦葉一樣，之後又把祂的手碾碎，扔到一旁。建御名方神本來要取下人家的手，現在自己卻先失去了一隻，連忙跑得更快。建御雷之男神緊追不捨，一路追殺到科野國之洲羽海，將祂按倒在地上，舉劍便要殺了祂。建御名方神驚恐不已，連連告饒：「別別別！我輸了！不要殺我！我不會再逃跑了。我承認，這個葦原中國是天照大神的兒子的！」

建御雷之男神於是返回出雲國對大國主神道：「祢的兩個兒子都說願意追隨天照大神之子

了。那麼，可以給出祢的回答了吧？」

大國主神嘆息著說：「我的回答和我的兒子一樣。這葦原中國我願意全部獻給天神之子，只是我住的地方，要建得像天照大神之子繼位的宮殿那樣宏偉輝煌，要有高聳入雲的巨大柱子，要有華麗繁複的屋脊，這樣我便甘願隱退，追隨我的眾神也會輔佐新主。」建御雷之男神答應後，大國主神果然馬上引退了。

建御雷之男神按照約定，為大國主神建造了通天的高大宮殿，水戶神之孫——櫛八玉神為膳夫，獻上天照大神之子的御膳。櫛八玉神化為鵜，游到海底，銜出海底的優質黏泥做成土器，銜出海藻的柄做成燧臼，用海蕁的柄做燧杵，鑽出火雲。

建御雷之男神『鹿島要石真圖』

建御雷之男神採用了最為直接的方法，那就是用武力進行征服。祂與建御名方神的對決十分著名。建御名方神也是一名戰神。

大國主神以要有恢宏的宮殿做為退位條件，大國主神的願望得到了充分的實現，那座宮殿就是現在的出雲大社。出雲大社十分壯觀，是日本最大的神社之一。

小知識　事代主神

大國主神原本是葦原中國的國主。建御雷之男神要求大國主神將國主之位交給天照大神之子。這件事情非同小可，大國主神並不願意交出自己的權力，可是卻沒有直接給出答覆。祂首先詢問了八重事代主神。事代主神是負責什麼的呢？居然要讓大國主神在做出這麼大的決定之前先問過祂。

其實，事代主神是可以知曉上天旨意的人，所以即便是國主也要先問過祂的意見。即使是在後世的日本，因為神道教在國家中佔有重要的地位，能傳達神的旨意的人也依舊為統治者提供重要的意見。八重事代主神知道建御雷之男神傳達的確實是天照大神的意思，知道這也是順應天道的，所以才向大國主神指出，將國家交給天照大神之子治理。

高貴的天孫——邇邇藝命

葦原中國平定之後，高御產巢日神和天照大神召見太子正勝吾勝勝速日天忍穗耳命，對祂說：「現在葦原中國已經平定了。大國主神已經退位，其他神也都歸順了。時機到了，祢可以去葦原中國，好好進行統治了。」可是，太子天忍穗耳命卻回答說：「事實上我有一個更加合適的人選，那就是我的一個兒子，叫做日子番能邇邇藝命。祂才是治國的人才。」原來，天忍穗耳命與高御產巢日神之女萬幡豐秋津師姫命已經結婚，生下大兒子天火明命之後，又生下第二個兒子日子番能邇邇藝命。邇邇藝命能力出眾，聰慧異常，天忍穗耳命對祂寄予厚望，天照大神也十分喜歡祂。

天照大神思考之後，同意了天忍穗耳命的請求，便對邇邇藝命說：「這葦原中國，就交給祢來治理了。希望祢能盡心地將它治理好，不要辜負我們的期望！」

邇邇藝命整理行裝，馬上就要降臨葦原中國。在祂的必經之路上，出現了一位不速之客。邇邇藝命見到一位樣貌不凡的神站立在路上，似乎在等人的樣子。這位神身材高大，雙目炯炯，整個人光彩奪目，閃亮的光芒強烈地照耀著四周，從高天原到葦原中國，眾人都對祂的光芒感到神奇。高御產巢日神和天照大神想：「這位神來路不明，光芒四射，一定不平凡。祂擋在天孫邇邇藝命赴任的道路上，難道有什麼不可告人的目的？」這樣想著，祂們便叫來天宇姬神，道：「妳雖然是個柔弱的女子，但是精神純正強大，妳的光輝比祂更盛。所以現在我們派祢去問問祂：『這是天孫降臨的必經之道，祢是什麼人？為什麼在這裡擋路？』」

天宇姬神領命前去詢問，對那位神說：「我是來自高天原的天宇姬神，奉天照大神的旨意前來見祢。祢是哪裡的神？可知天孫邇邇藝命要降臨主持葦原中國事宜，這御道是祂的必經之路。祢在這裡有何目的，若是衝撞了御駕該當何罪？」

這位神聽了，立刻恭敬地回答說：「見過尊貴的天宇姬神。我名為猿田毘古神，是一位國神。我確實知道這是天孫邇邇藝命降臨的御道。我站在這裡，正是為此。但是我並不是為了擋路，而是特意在此恭候。我十分仰慕天孫手姿，希望能在天孫到來之時為祂做葦原中國的嚮導，護送祂成行，略盡我對高天原諸神的忠心。」之後，天照大神派出命天兒屋命、布刀玉命、天宇姬命、伊斯許理度賣命、玉祖命五神，眾神結伴同行，一起護送天孫邇邇藝命降臨葦原中國。

隨後，天照大神又將八尺瓊勾玉、八咫之鏡、天叢雲劍賜予邇邇藝命，派思金神、手力男神、天石門別神去諭示祂說：「邇邇藝命啊，見到這八咫之鏡如同見到天照大神本人，因為這八咫之鏡可以映出神魂，在必要的時候對祢進行諭示，指導祢進行正確的行動。所以祢一定要像供奉她本人一樣來祭拜這鏡子，務必謙恭勤謹。智慧之神思金神會好好為祢出謀劃策，祂思維敏捷，忠心耿耿，將會是一個良臣。讓祂輔佐祢治理國家，成就事業，天照大神會十分安心。」

邇邇藝命離開了高天原，穿過八重祥雲，神情莊重，十分威嚴，沿著特定的道路，從天浮橋下到了浮島，又從浮島向下，來到了葦原中國。

之後，天忍日命與天津久米命二神，取出背著的天石箭筒，拿下佩頭椎之大刀，取持天之波士弓，手挾天之真鹿兒矢，立於邇邇藝命身前待命侍奉。

邇邇藝命環顧四周，道：「這個地方非常好。祢們看，朝陽升起的時候，這裡最先得到照耀，最先變得明亮；夕陽落下的時候，餘暉灑到這，形成美麗的霞影。這是天照大神庇護著這裡呢！所以這裡是大吉之地。我們就在這裡建立宮殿吧！」一行神明在這裡建立了高大粗壯的宮柱，在上面雕刻上華麗的紋理；高高的屋脊上刻著各種吉祥的圖案，都碰到了高天原。殿內輝煌壯麗，邇邇藝命就在這裡主持葦原中國的諸事。

邇邇藝命、思金神這兩位神，現在被供奉在伊勢神宮內殿之中，登由宇氣神坐鎮於伊勢神宮的外殿。天石戶別神，又叫櫛石窗神，也叫豐石窗神，是位給祂們看門的神。手力男神者，被供奉於佐那縣。

邇邇藝命是天照大神的孫子，身分尊貴，並很快因為天照大神的旨意掌管了葦原中國。祂上任之前，已經先有建御雷之男神為祂掃平了道路。在上任途中，也有天照大神身邊的重臣進行輔佐。反觀大國主神卻是經歷了一系列的磨練，在任期內也是好不容易找到神相助共同建設國家。相較之下，邇邇藝命卻是因為身分尊貴，直接就成為了葦原中國的國主。這裡可以清楚地看到日本傳統中強烈的階級觀念。擁有尊貴地位的人可以直接獲得一切，而下面的人卻必須無條件地奉上自己的一切。這便是階級觀念的清晰表現。

小知識

日本的等級觀念

日本有著嚴重的等級觀念，尤其是古代日本，每個階級之間有著嚴格的劃分界限，誰都不能逾越。上層階級的人自然擁有無數特權，他們享受的一切都是由下面的人提供的，正如大國主神建國之後，要拱手讓給邇邇藝命一樣。現在日本人的等級觀念也相當嚴重，主要表現在年齡、資歷、財力、地位、性別等各種方面，在這些方面佔優勢的人自然就是等級劃分中佔優勢的人。

忠心事主的猿女君

邇邇藝命在諸神的輔佐下治理葦原中國。一日，祂叫來天宇姬命說：「我來葦原中國的時候，猿田毘古大神在御道上迎接我，在我初到葦原中國的時候幫了很多忙，一直對我盡心盡力，認真輔佐。現在，希望妳能替我把祂送回自己的居所。妳也冠以祂的神姓，在祂左右侍奉吧！」因此，天宇姬命冠上了猿田毘古大神的姓氏，人稱猿女君。後來，人們對女性也尊稱為猿女君。

回到居所後，猿田毘古神在阿邪訶漁獵，不小心被比良夫貝夾住了手，竟然因此溺水身亡，屍體沉到了河底。祂的魂魄留在了河中，被稱為底度久御魂。

天宇姬命非常傷心，她為猿田毘古大神舉行了盛大的告別儀式，將祂的遺體好好安葬，之後回去繼續自己的使命。她想：「邇邇藝命要我侍奉猿田毘古神，我自當盡心盡力，祂活著的時候我對祂盡忠，現在祂死了，我也該為祂的魂魄做打算。」於是，她來到海邊，召集了全部海中生物。大到體型龐大牙齒鋒利的鯊魚，小到蝦蟹水母，無一不到她面前聽她的號令。

天宇姬命威嚴地說：「猿田毘古大神生前威武不凡，光芒萬丈，仁慈勤謹，治下有方。現在，祂死在了水中，魂魄也會留在這裡，來到了你們之中。從此，你們要服從祂的領導，達成祂的願望，恭敬地侍奉在祂的左右，不可逾越半分。你們，可願意不願意？」

海洋中的生物皆恭順地回答說：「臣等願意侍奉，自當盡心盡力，不敢逾越。」此時唯有海參沒有回答。天宇姬命對海參說：「你沒有嘴，不能說話。那麼我來給你一張嘴吧！」於是，用小刀為海參開了一個口子。所以，現在我們看到的海參都有一道裂口，那就是當年天宇姬命賜給牠的嘴巴，讓牠和其他生物一眼能言能說。

猿女君原名為天宇姬命，是天照大神躲進天岩洞裡時在外面舞蹈的女神。後來被天照大神派給了天孫邇邇藝命，輔佐治理葦原中國。最後又被邇邇藝命派去服侍猿田毘古大神，可以說經歷曲折，本來是尊貴的高天原上的女神，最後成為了猿田毘古大神的部下。但是，她並沒因此有任何怨言，始終盡心盡責，甚至在猿田毘古大神死後，依舊為祂打算，讓海中的生物們都成為祂的僕從。猿女君表現出的對主人的忠心，正是日本精神中的核心。

小知識　道祖神

猿田毘古神為邇邇藝命引路，做為祂的先遣之臣，對祂到葦原中國熟悉環境和盡快接管政權發揮到了很大的作用。因此，不僅邇邇藝命對祂很重視，民間也將祂視為守護境界的神，當作道祖神進行祭祀。

火中產子——木花開耶姬

成為天孫之妻

邇邇藝命才能過人，又有眾神輔佐，治理葦原中國得心應手。這天，祂處理完國事，趁著心情大好，出門散步。途中，祂遇到了一位妙齡少女。這位少女皮膚白皙，身材玲瓏，面色嬌羞，就如同盛開的櫻花一樣可愛。微風吹來，她的長髮與裙襬在風中輕輕搖曳著，身上的玉佩碰撞在一起叮噹作響。邇邇藝命看的如癡如醉，對她一見鍾情，心想：「這不就是我夢想中的妻子嗎？」於是馬上上前說道：「我是邇邇藝命。妳是誰家的女兒？」

木花開耶姬見陌生男子前來詢問，不禁有些害羞，但還是回答道：「我是大山津見神之女，名叫神阿多都姬，也叫木花之佐久夜姬。祢叫我木花開耶姬就可以。」

邇邇藝命點點頭說道：「木花開耶姬，好名字。妳果然就像那樹上的櫻花一般。妳還有什麼兄弟姐妹嗎？」

木花開耶姬答道：「我還有個姐姐，叫做石長姬。我們姐妹二人感情很好。」

邇邇藝命又說：「我對妳一見鍾情，不能自拔，所以我想娶妳做我的妻子。妳意下如何？」

木花開耶姬也很欣賞邇邇藝命，但她還是紅著臉回答：「婚姻大事，我不能擅自做主。這件事情，要我的父親大山津見神做主才行。」

邇邇藝命馬上命人去大山津見神處提親。大山津見神大喜，一口答應了這門婚事，並且要自己的大女兒石長姬一起嫁過去，姐妹二人一起服侍邇邇藝命。大山津見神還讓石長姬帶著各式各樣的美食送到邇邇藝命面前。可是，雖然是姐妹，石長姬卻與如櫻花般的木花開耶姬完全不同，她皮膚粗糙，身材高大，面目鄙陋，舉止粗俗，十分兇悍。邇邇藝命見了，又驚又懼，連忙派人把石長姬送回大山津見神的身邊，只留下了木花開耶姬，與之結合成婚。

可是，大山津見神看到自己的大女兒石長姬竟被送回來，感到十分受辱。祂派人給邇邇藝命帶話：「我要把兩個女兒都嫁給祢是為了祢好。我的大女兒石長姬，可以令祢的生命像石頭那樣恆久不衰，不怕時間的侵襲；我的二女兒木花開耶姬可以使祢的生命鮮豔燦爛。因為這樣，我才要把兩個女兒都嫁給祢。祢把石長姬退返回來，就會失去永久的生命；雖然祢的生命會像櫻花一樣美好盛開，可是祢的生命也會如櫻花一樣稍縱即逝。」

邇邇藝命回答：「就算擁有長久的生命，但是沒有快樂，那又如何呢？現今，我雖然不會擁有長久的生命，但是我的

櫻花

生命如同櫻花一樣豔麗，我的一生和摯愛女子相守，我一生都快快樂樂的。這不是很好嗎？」

因此，邇邇藝命雖然貴為天孫，卻並沒有永恆的生命。

長久的生命和幸福的生活要是只能選擇一樣，那麼祢會選擇哪個呢？這可真是個難題，相信大多數人都難以取捨。邇邇藝命卻馬上做出了回答，那就是寧願不要永恆的生命，也要選擇自己喜歡的生活。

其實，大家都會有疑問，那就是：天皇號稱是神的後裔，那麼為什麼不像神那樣擁有不老不死的身體，而是像一般人一樣生老病死呢？這個神話為此做出了合理的解釋。因為天孫堅持了自己的愛情，選擇了美麗卻短暫的生命，所以做為祂的後代的天皇也是如此。這個解釋讓天皇神的血統合理化。

火中產子

二神結合的第二天，木花開耶姬對邇邇藝命說：「我有了身孕，現在就要臨盆產子了。可是，生孩子這種事情，只有我一個人，必然手忙腳亂，無法順利。所以，我告訴祢這件事情，希望祢能幫助祢的妻子生產，親自為自己的孩子接生。」

邇邇藝命聽了之後，卻疑雲叢生。祂想了想道：「我們只有一夜的結合，妳就要生孩子了？

別騙我了！妳一定是在之前已經與某位神私通有孕了，現在卻說是我的孩子！妳腹中的必然不是我的骨肉！」

木花開耶姬自是清白之身，聽聞此言，頓時羞憤不已。她對邇邇藝命說：「我將在火中進行生產。如果我腹中的不是祢的孩子，就讓那大火燒死我和孩子！如果是祢的孩子，我和孩子必然安然無恙！」說完，也不再要求邇邇藝命幫助，自己來到了空無一人的八尋殿中。她先用土把門堵住，阻止其他人的進入，之後又將宮殿點燃，然後就開始生產。

木花開耶姬

火剛開始燃燒，第一個孩子降生了，說道：「我是天孫的兒子，火照命。我的父親在哪裡？為什麼我瞧不見祂？」

火勢最盛的時候，第二個孩子降生了，說：「我是天孫的兒子，火須勢理命。我的父親在哪裡？為什麼我瞧不見祂？」

火勢衰退的時候，第三個孩子降生了，並道：「我是天孫的兒子，火遠理命，亦名天津日高日子穗穗手見命。我的父親在哪裡？為什麼我瞧不見祂？」

火勢已盡，火熱未消的時候，最後一個孩子出生了，說道：「我是天孫的兒子，火折尊。我的父親在哪裡？為什麼我瞧不見祂？」

最後，火焰完全熄滅，餘熱散盡，木花開耶姬從灰燼中走出，剛生產完的她身體虛弱，但還是指著四個孩子說：「我知道我一夜即有孕臨盆讓祢懷疑。可是，在大火中這些孩子也安然出生了，應了我的誓言了吧！這下祢總該相信我的貞潔了。」

木花開耶姬一夜有孕，十分神奇。但是，邇邇藝命懷疑自己妻子的貞潔，並且認為她生下的是其他神的孩子，依舊令人十分傷心。好在，木花開耶姬用行動證明了自己的貞潔。她忍著巨大的痛苦，在火中生下孩子，二神因此和好如初。

小知識　櫻花與香蕉

邇邇藝命選擇了櫻花而不選石頭，所以生命也只能如櫻花般短暫，不能獲得長久的生命。這是透過神話對「天皇雖然是神但也和一般人一樣會死去」這一疑惑的解答，以此加強天皇的神祕和威嚴。

事實上，在印度也有相似的故事。神問人：「給你石頭和香蕉，你想要哪一個？」人回答：「當然要香蕉了，要石頭有什麼用？」於是，人的生命便如香蕉一樣短暫，在老了之後也會如香蕉一般衰敗，死去後也會如香蕉一般腐爛。

反目的兄弟——山幸彥與海幸彥

天生的幸運

邇邇藝命的大兒子名叫火照命，又叫海幸彥，意思就是在海中特別幸運。祂有一個神奇的魚鉤，每日能釣上無數的魚來，並且不管多麼珍貴或者兇猛的魚，只要祂想，就能釣上。三兒子火遠理命又叫山幸彥，意思就是說在山上特別幸運。祂有一張神奇的大弓，每天能狩獵到無數的野味，並且不管多麼珍貴或者兇猛的野味，只要祂想，就能捕到。

有一天，山幸彥覺得總在山上打獵很無趣，便央求哥哥海幸彥：「哥哥，我總在山中捕獵已經無聊了，祢總在海邊漁獵也膩了吧！不如這樣，我們交換工具，我去海中試試，祢也去山裡玩玩好不好？」起初，海幸彥不答應。可是，山幸彥一遍一遍的央求，海幸彥只好答應了。祂們便交換了各自神奇的工具，海幸彥拿起了大弓，山幸彥則拿起了魚鉤。

山幸彥興沖沖地拿著哥哥的神奇魚鉤去釣魚，滿心以為也能像哥哥那樣釣上來奇珍異種，滿載而歸，可是守了一整天，連一條魚的影子都沒看到。祂失望地站起來，結果不小心，把魚鉤掉進了海裡。

回去以後，哥哥海幸彥說：「我註定是擅長漁獵的，祢註定是擅長狩獵的。我們擅長的東西不能交換。」便把大弓還給山幸彥，想要回自己的魚鉤。可是，山幸彥半天也拿不出魚鉤，磨蹭了好一會，終於說：「對不起，哥哥。其實我一整天都沒釣到魚，心情煩躁，起身的時候把魚鉤弄到海裡去了。」

海幸彥暴跳如雷：「什麼？祢竟然把我的魚鉤弄丟了！不行，祢必須把它找回來還給我！」

山幸彥見到哥哥真的生氣了，連忙將自己的十拳劍煉成了五百個魚鉤，送給哥哥。可是海幸彥連看都不看一眼。山幸彥於是又做了一千個魚鉤給哥哥，海幸彥卻說：「祢這些和我原來的魚鉤能比嗎？我只要原來那一個！」

山幸彥只好去了海邊。可是茫茫大海，怎麼才能找到那個魚鉤呢？找不到魚鉤，哥哥一定不會原諒自己。想到這裡，祂不禁哭泣起來。

這時候，鹽椎神見到祂哀傷的樣子，便問道：「祢為什麼哭呢？」

山幸彥就將自己的事情講了一遍，最後說：「我要是找不到魚鉤，從此哥哥都會記恨我的！我該怎麼辦呢？」

鹽椎神說：「這好辦，我告訴祢怎麼做。」祂用竹子細密地編了一隻小船，讓山幸彥乘上小船，並說：「我一會將這船推走，祢暫時自己掌控一下方向。之後，祢會遇到海流引導著小船的方向，祢就隨它而去，順著海流，祢會看到一座魚鱗搭建的雄偉的宮殿，那是綿津見神的宮殿。宮門旁邊的井上有一棵湯津香木，祢坐在那棵樹上，等待綿津見神的女兒經過，她看到祢必然會幫助祢的。」

於是，山幸彥按照鹽椎神說的出發了。

海幸彥只能在海中有收穫，山幸彥只能在山中有收穫。山幸彥不能在海中釣魚，海幸彥不能在山上得到獵物。這些都是上天的安排，祂們相互交換工具，但是雙方都一無所獲。在什麼地方有什麼樣的收穫，都有定數，祂們無法違背宿命。日本人強烈的宿命觀在此得到深刻的展現。祂們深信，一切都有上天的安排，不可違抗。

海中奇緣

到達綿津見神的宮殿後，山幸彥按照囑託，坐在湯津香木之上。綿津見神的女兒豐玉姬命派一個婢女拿著玉壺到井邊取水，剛好經過樹下。婢女見到有耀眼的光芒照下來，抬頭看去，見到一個俊美健壯的男子坐在樹上。婢女感到十分詫異。山幸彥見到了婢女，說：「我一路到這裡有些口渴，可以給我一些水喝嗎？」婢女便用手中玉壺取了水送給祂喝。

山幸彥接過玉壺，卻並沒有真的喝水。祂只是做出仰頭喝水的樣子，然後偷偷將頸上所佩戴的玉石解下來，含入口中，吐到了玉壺裡。

祂把玉壺還給婢女，喊著：「不得了，我的玉掉進這玉壺裡了。」

婢女連忙伸手去取那塊玉石，可是卻怎麼也拿不出來。但她急著取水給豐玉姬命，只好說：「請等一下，我先取水給公主，給她倒好水，我再想辦法把玉拿下來給祢。」

豐玉姬命見到這玉壺裡多了一塊玉，很疑惑，便問婢女：「難道是有人在門外嗎？」

婢女答道：「門外有一位尊貴的客人，俊秀健壯，是不可多得的美男子。祂正坐在井旁的香木之上。剛才祂向我討水喝，我便給祂了。誰知道祂的玉石落入玉壺裡，無法拿出。我只好就這樣用玉壺來給妳取水。一會兒再想辦法將玉石取出還給祂。」

供鳳山幸彥與豐玉姬的青島神社

豐玉姬命笑道：「這可真有意思！帶我出去見見祂。」便走出宮門，見到了山幸彥。她第一次見到這樣英俊挺拔的男子，雙目定定地望著祂，當即芳心暗許。山幸彥也驚訝於她的美貌，暗生情愫。兩人便眉目傳情起來。豐玉姬命自覺失態，連忙讓婢女先招呼客人，自己回到殿中，對父神稟告：「門外有一位英俊瀟灑的貴客！」

綿津見神出來見到山幸彥，認出祂的身分，便邀請祂進入殿中。綿津見神命人把八張海驢皮疊在座位上，上面又疊上八張絲絹，細緻地鋪好，才莊重地請祂坐下，將海中的各式各樣的美食都拿到祂的面前，請祂品嚐。席間，山幸彥和豐玉姬命繼續眉目傳情，綿津見神看在眼裡，便問道：「祢覺得我的女兒如何？」

山幸彥回答：「美麗溫柔，肯定會是一位好妻子。」

綿津見神大笑道：「那麼，讓她做祢的妻子怎麼樣？」二神於是就成婚了，生活幸福美滿。山幸彥在這一住就是三年。

山幸彥本來難以見到豐玉姬命，但是祂卻耍了個心眼，把自己的玉佩丟進了豐玉姬命婢女的玉壺中。這樣，祂不僅按照鹽椎神所說的見到了豐玉姬命，還與對方喜結連理，過著美好的生活。可見，神要戀愛，也是要講究計謀的。

兄弟的爭鬥

就這樣幸福地過了三年，山幸彥突然想起自己來到這裡的目的，不禁鬱鬱寡歡，長吁短歎起來。豐玉姬命聽了，有些不安，便對父神說：「我們在一起三年了，始終快快樂樂的。怎麼祂突然嘆氣起來。是不是我有什麼地方做得不好了？」

綿津見神聽後便問山幸彥：「今天我女兒說起，祢突然心情不好嘆氣起來。這是怎麼回事？」

山幸彥回答：「當初在陸上的時候，我將我哥哥珍貴的魚鉤掉在了海中，要是找不到這魚鉤，祂就不原諒我。可是，我卻始終無法找到。今日想起此事，才不免憂愁。」

綿津見神道：「我來幫祢想辦法！」便召集了海中所有的魚兒，描述了魚鉤的樣子，問：「祢們誰知道這魚鉤的下落？」

有小魚說：「三年前的那個時候，紅鯽魚被一樣東西卡在了嗓子裡，別說吃飯，就是喝水都很費勁。想必是祂咬到了這魚鉤吞下去了。」果然，綿津見神從紅鯽魚的嗓子中拿出了魚鉤，洗乾淨交給了山幸彥。

山幸彥歷盡艱辛，終於得到了魚鉤，十分欣慰。綿津見神告訴祂：「見到祢哥哥的時候，先將這魚鉤拿在手中藏到背後，口中唸道：『祢這魚鉤，真無聊，真小氣，真沒用，真愚蠢』，然後再給祂。等祂在高處耕田的時候，祢就去低處；等祂在低處耕田的時候，祢就去高處。因為水是由我來掌管的，所以三年之內，一定會讓祢的哥哥顆粒無收，貧窮不已！」

說完又拿出兩顆珠子送給祂，道：「要是祢哥哥因此怨恨祢，要來殺祢，祢就拿出鹽盈珠去淹祂；若是祂甘拜下風，向祢求饒，祢就拿出鹽乾珠退了水，讓祂活下去。就這樣來折磨祂。」

綿津見神又召集了眾魚，問：「山幸彥要回去陸上，祢們誰去送祂？需要多久？」

一尋鯊魚回答：「我願意去送山幸彥大人，只需要一天就能將祂送回去！」綿津見神點頭道：「也好。因為祢兇悍，這一路上無人敢打祂的主意。」山幸彥便乘在鯊魚身上離開海宮。果然只有一天的時間，祂就回到了自己的土地上。雙腳著地後，山幸彥感到十分舒暢，祂解下自己身上佩戴的小刀掛在了鯊魚的脖子上，感激牠護送自己。以後，一尋鯊魚也就成了神，叫做佐比持神。

山幸彥得到了綿津見神的祕法，便照做了。果然，祂哥哥海幸彥越來越貧困潦倒，心中慌亂不已，想來搶山幸彥的財富。這時候，山幸彥拿出鹽盈珠令哥哥溺在水中。海幸彥掙扎不已，只好喊道：「弟弟，我服了，快救救我吧！」山幸彥便拿出鹽乾珠令水退去。反覆幾次，海幸彥被折磨得不輕。終於有一天，祂徹底拜服了，對山幸彥說：「現在開始，我願意在祢身邊侍奉，日夜守護祢的安危。」

自此，反目的兩兄弟才化解了仇怨。

這段故事中，豐玉姬命發現了丈夫的反常之處，自己並不點破，而讓父親前去詢問。一來可以看出她非常敬重丈夫，對祂的愛也是十分小心的，她以為是自己做的不妥讓丈夫不悅，而不敢問出口。二來她知道丈夫也許是遇到了什麼難題，那麼由父親來問就可以想辦法幫祂解決。無論如何，由父親出面都是良好的解決辦法。可以看出來，豐玉姬命對丈夫非常用心和貼心。

她的父親也的確幫助山幸彥找到了魚鉤，還為祂出謀劃策教祂如何制伏自己的兄弟。兩兄弟於是開始了相互爭鬥，完全忘記了曾經的情誼。海幸彥記恨山幸彥弄丟了魚鉤，山幸彥怨恨海幸彥不肯原諒自己，因此被迫遠赴海原；山幸彥令海幸彥十分貧窮，將其逼上絕路，海幸彥則嫉妒弟弟而試圖用強。雙方彼此怨恨，互相爭鬥，直到有一方俯首稱臣。這樣的兩兄弟，彼此反目，爭鬥不已，令人感慨。

小知識　鹽椎神

鹽椎神給處於無助之時的山幸彥指明去海中的道路，在後來傳說中，祂也曾指出「東邊有美麗富饒的土地」，讓神武天皇開始東征。鹽椎神是指路神，用自己的智慧為迷惘的人指點去路，教祂們應該如何行動。在日本的紀錄中，祂又是「潮汐之神」，所以才能將山幸彥順利送達海中。

「不准看」的妻子——豐玉姬命和報恩的仙鶴

山幸彥走後不久，豐玉姬命來到了山幸彥陸上的居所，對祂說：「我已經懷孕多時，現在馬上要生下孩子了。可是，祢是邇邇藝命的兒子，身分如此尊貴，我怎麼能讓祢的後代在海中出生呢？那太不像話了。所以，我來到了祢在陸上的居所，準備在這裡生產。」

山幸彥帶豐玉姬命來到了海邊，用鵜鶘的羽毛建造宮殿做為產房。然而，宮殿還沒有建好，豐玉姬命已經腹痛難忍，顧不得宮殿還沒有建完，就連忙進入其中生產。她在劇痛中還不忘叮囑：「我雖然和祢結合，生下祢的孩子。但是我生產的時候是使用我的本體的。我不希望祢看到我那個樣子，所以，請祢絕對不要偷看。」

可是，山幸彥聽了這話，反而更加好奇了。祂假裝聽從妻子的話，卻在她進入產房後偷偷觀看。這不看不要緊，一看嚇一跳，豐玉姬命竟然化作了一隻巨大的鯊魚，在乾燥的產房中露出巨齒，甩動著尾巴。山幸彥嚇得連忙跑開了。

豐玉姬命得知山幸彥沒有遵守約定，看到了自己的本體，又羞又憤說：「祢看到了我的本體，這讓我感到萬分恥辱啊！」她將剛生下的孩子交給山幸彥說：「我本來打算不時地從海中來到祢的陸上，看望祢和孩子。如今，卻再也不能了。」說罷，躍入海中，回到了海宮。

這個孩子生在用鵜鶘毛建立的不完整的產房，因此得了個奇特的名字，叫做天津日高日子波限建鵜葺草葺不合命，由豐玉姬命的妹妹玉依姬來養育。

豐玉姬命雖然因為丈夫偷看到自己的原形而怨恨，但是畢竟對丈夫十分愛戀，心中難以割捨，藉著妹妹玉依姬去山幸彥那裡養育孩子的機會，請她帶過去一首歌：

赤珠輝光，閃耀逼人。
串珠之絲，通體光明。
然汝之形，同於白珠。
高雅脫俗，至於永遠。

山幸彥也回了一首歌：

遠海之島，鳥棲之所。
共枕吾妻，今生難忘。

這個故事和前面所說的伊邪那美命的故事有相似之處。伊邪那岐命追到黃泉國，也違背了「絕對不能看的誓言」，看到了妻子的本來面目，結果感情破裂，二人反目成仇。這個故事裡，山幸彥和豐玉姬命雖不能再做夫妻，但是感情尚好，時時惦記對方，也算好結局。

在日本的神話中，這種「絕對不能看」的妻子還有很多，比如著名的報恩的仙鶴。

有一個靠伐木燒炭維生的青年叫做嘉六，祂非常純樸善良，勤勞肯幹，同時對自己唯一的親人——母親也非常孝順。可是，祂的母親已經年邁，身體每況愈下，這讓嘉六非常著急，只能拼命燒更多的碳多換一點錢，好給母親買藥治病。

有一年冬天，非常寒冷，好像冬之神發怒了一般。這讓嘉六的生意非常好，賣出了許多木炭。可是，祂們的房子很簡陋，寒氣毫不留情地侵襲進來。祂特意留下一些木炭，為母親取暖。可是，虛弱的母親依舊渾身冰冷，無法忍受這樣的嚴寒。

於是，祂拿著手中的餘錢進城，準備給母親買一條棉被，好讓母親能緩和一些。

找來找去，祂也沒有見到賣棉被的地方，卻看到了一個賣白鶴的人。嚴寒中，白鶴瑟瑟發抖，叫聲淒婉哀怨。嘉六動了惻隱之心，便對賣家說：「這隻鶴好可憐，祢快放了牠吧！」

那人卻道：「我費盡力氣才抓到這隻鶴，就是用來賣的，豈能放了？祢要是可憐牠，花錢買走就是了。」

嘉六看著那可憐的白鶴，又看賣家嚴酷的態度，咬咬牙，用手中的錢買下白鶴，馬上把牠放了。白鶴欣喜地歌唱了幾聲，在嘉六頭上盤旋了幾圈，像是在感謝嘉六的恩德，然後就飛走了。

嘉六感到十分高興，同時心中對母親感到十分愧疚。本來祂想讓母親能暖和一點來買棉被，可是，棉被沒買到，手中的錢卻花掉了。祂十分沮喪，只好回家對母親道出了實情。可是母親並沒有怪祂，反而誇獎了祂。

第二天晚上，大雪飄起來，天氣更加寒冷。母子兩人緊緊靠在炭火旁邊，希望能更暖和一些。正在這時候，敲門聲響起來了。這麼冷的天，又這麼晚了，會是誰呢？雖然疑惑，但嘉六還是去開了門。

門外居然是一位年輕美麗的女子。見女子冷得瑟瑟發抖，祂趕緊讓她進屋子裡坐到炭火旁邊。女子暖和了一些，才羞澀地開口：「我叫做羽衣，早聽說了祢樸實善良，心中十分嚮往，因為我正想要找這樣的一個人託付終身。所以我才在深夜來訪。見了祢之後，我更加確定祢就是我理想中的丈夫。不知祢意下如何？」

嘉六對年輕美麗的羽衣也很有好感，覺得她純潔可愛，可是家中實在太貧窮了，祂猶豫了許久說：「我窮得連自己的母親都沒能照顧好，讓她受苦，十分慚愧。又怎麼能讓妳和我一起受苦呢？」

羽衣回答：「只要妳品行純良，人格高貴就可以了。其他的問題我們可以共同面對。」她深情地望著嘉六，兩人心意相通。

嘉六的母親說：「祢一定是上天賜給我的兒媳婦！既然如此，祢們馬上成婚吧！」

就這樣，兩人結合，成為夫妻，十分恩愛。

可是，家中卻依然貧窮，嘉六不禁愁眉苦臉。羽衣卻道：「我有些事情，要在櫥櫃裡待上三天。這三天裡，我不用吃喝，不會出來一次。祢也不要打開櫥櫃看我。三天之後，我自然就出來了。」

嘉六雖然疑惑，但是祂非常尊重自己的妻子，於是答應了。三天後，羽衣出現了，手中拿著一匹精美的布說：「這是我用三天的時間織出來的。缺錢的時候就拿去賣掉吧！能賣一個好價錢呢！」果然，這匹布一拿到市集上，就被當地領主看中，高價買下，並一定要祂再帶來幾匹。

嘉六高興地回家告訴了妻子。羽衣馬上答應了祂，又進到了櫥櫃裡，並且一再叮囑祂絕對不可以偷看。可是，三天，五天，十天過去了，羽衣還是沒有出來。嘉六非常擔心自己的妻子，大聲叫著羽衣的名字，卻得不到任何回應。難道妻子在裡面出事了？祂顧不得之前的約定。連忙打開櫥櫃，眼前的情景卻使祂嚇呆了！

一隻美麗優雅的白鶴，身邊鋪滿了從身上掉落下的羽毛，而牠正用自己的嘴叼著這些羽毛，一點一點地織出華美的布匹來！

羽衣見被丈夫看到了原型，不禁十分傷心地說：「那天在市集上，祢救了我，我心中十分感激，於是拜別了家中的父母手足，來到祢的家中，做祢的妻子，為祢織布，報答祢的恩德。可是，祢竟然偷看了我，我只好為祢織好這最後的布，就此離開了。」

嘉六十分後悔，可是，羽衣心意已決，放下布，便拍打著翅膀離開了。

嘉六呆呆地望著妻子離開的方向，又看到她留下的布，不禁十分傷心。祂把這些布賣給了領主，得到了一大筆錢，治好了母親的病。可是，沒有了妻子的祂，卻高興不起來。但是，祂知道，自己和羽衣再也不能回到以前了。

這就是在日本廣為流傳的「報恩的白鶴」的故事。

在這幾個故事之中，都是妻子囑託丈夫不得偷看，但是丈夫卻不聽從，違背約定，最終與妻子難續前緣。妻子們都想在丈夫心中維持最美麗的形象，被丈夫看到了自己的本體，就如被丈夫窺視到了自己最難堪的一面。她們知道自己在丈夫心中的形象再也無法復原，這段感情也已經到了終點，於是她們明智地選擇結束。

小知識

天津日高日子波限建鵜葺草葺不合命

天津日高日子波限建鵜葺草葺不合命，簡稱鵜草葺不合命。祂和自己的姨母玉依姬結了婚，顯然祂沒有犯自己父親那樣的錯誤去偷看妻子的生產，因此一共得到四個孩子，其中一個叫做若御毛沼命，就是傳說中的神武天皇。邇邇藝命、山幸彥、鵜草葺不合命這祖孫三代也被日本學者稱為「日向三代」。傳說鵜草葺不合命死的陵墓位於現在的日本的鹿島市。

被盜走的天衣——豐受大神和杜鵑女神

豐受大神是一位稻穀神，影響稻穀的長勢和豐收。對以稻米為主食的日本來說，她可是一位十分重要的神。可是這位神卻有頗為坎坷的經歷。

有一天，豐受大神和自己的姐妹們，一共八位女神相約到真奈井的泉眼沐浴。八位仙女一邊用清澈的泉水滋潤著白皙的肌膚，一邊相互打鬧嬉戲，談論著高天原和葦原中國有趣的事情。突然，其中一位仙女說：「哎呀，我們都把衣服放好了吧？要是沒了衣服，我們可就回不去了呀！」

大家紛紛笑起來：「當然放好了。再說，這附近都沒有人，衣服哪裡會丟呢？」就這樣，天色漸漸晚了。享受了一天美好時光的女神們戀戀不捨地離開泉水，紛紛穿好自己的衣服，準備離去。

豐受大神宮

這時候，豐受大神卻大驚失色：「我的衣服呢？我的衣服不見了！」眾女神連忙幫她一起找，可是哪裡看得到衣服的影子啊？

原來，在這泉眼附近，並不是沒有人。當時，有一對老夫婦經過她們附近，偷聽了她們的話。老夫婦沒有孩子，他們想：「要是能留下一位女神來做我們的孩子多好啊！她肯定能變出好多東西來，這樣我們就無憂無慮了！」於是，便偷偷拿走了其中一件衣服，那件衣服正是豐受大神的。

豐受大神一直找不到自己的衣服，無法回到高天原。其他七個姐妹見時間已經到了，只好先行回去。只剩下她一人哭泣不止。

這時候，老夫婦出現了，一臉慈祥地對她說：「孩子，妳為什麼要哭泣呢？妳是孤身一人嗎？我們老兩口相依為命，膝下無子，妳願意做我們的女兒嗎？」

豐受大神搖搖頭，道：「我要盡快回到自己的家去。」

老夫婦便道：「妳沒有了衣服，怎麼回去？」

豐受大神一聽知道是他們偷了自己的衣服，非常生氣。

老夫婦卻說：「只要妳答應做我們的女兒，幫我們幹活，孝順我們，我們就告訴妳衣服藏在哪裡。」

豐受大神想了想，便答應了他們的要求。於是，她就和老夫婦生活在了一起。她十分勤勞，也像侍奉自己的父母一樣侍奉這對老夫婦。

豐受大神十分擅長釀酒。稻穀到了她的手中，很快就能變成香醇的美酒，而且這些酒還能治療百病。因此，慕名前來買她釀的酒的人絡繹不絕，就這樣，老夫婦也變得十分富裕。

直到有一天，豐受大神身體不適，便停止了釀酒，獨自休息。老夫婦見了，非常生氣，問道：「妳怎麼不去幹活，在這裡偷懶！」

豐受大神回答：「我不舒服，想要休息。我釀的酒雖然能治療百病，對我本人卻沒有效用。」

老夫婦說：「妳根本就是在裝病！妳既然答應做我們的女兒，就該認真幹活，孝順我們。妳這樣偷懶，難道還想我們來伺候妳嗎？要不妳馬上去釀酒，要不妳馬上離開我們家！本來妳也不是我們的孩子，離開也沒什麼可惜的！」

豐受大神十分無奈地說：「當初你們偷走我的衣服，使我無法回到高天原的家中，逼我留下來做你們的女兒。現在，我已經習慣了這裡的生活，你們又要趕我走，這麼無情，你們怎麼可以這樣對我呢？」

但是，老夫婦根本就不聽她的話，拉起她就推出門去。

豐受大神長期滯留人間，已經再也無法回到高天原了。她獨身一人，慢慢走著，一直走到了一個小村落，決定在那裡定居下來。

豐受大神被偷走天衣，還被迫留下來給老夫婦做女兒，最終竟然被趕出家門，連一個容身之地都失去了。她回不了高天原，只能在人間流落，自己找地方棲身。堂堂女神，竟然落得如此下場，令人唏噓感嘆。

同樣命運的還有杜鵑女神。

這個故事要從一個叫做阿根的青年說起。

阿根本是個漁夫，每天出海捕魚。這天，他照常出海，卻不幸遇到了風浪，隨著風浪飄到一個小島上。他驚奇地發現在海邊放著一些鮮豔的衣服。他好奇地走過去，遠遠地望見海中有一群漂亮的姑娘在沐浴。這些姑娘或明朗或嬌嗔或嫵媚或清秀，各有風情。但是她們個個肌膚勝雪，美麗動人。

阿根看得癡了。他想：「這樣美麗的女子，要是能有一位做我的妻子多好啊！」於是，他偷走了其中的一件衣服，悄悄藏起來了。

女子們毫無察覺，依舊在水中嬉戲打鬧，直到太陽都落山了，她們才起身走到岸上，穿上衣服，摘下樹上的果子吃，又嘰嘰喳喳地聊了一會兒，竟變成一隻隻的杜鵑飛走了！

這時候，還剩下最後一位女子在岸邊，尋找自己的衣服。她暗暗著急：「明明就放在這裡的，怎麼會沒有了呢？沒有衣服，我要怎麼飛走呢？」

這時候，阿根出現了。那位女子立刻羞紅了臉。阿根假意問道：「請問發生了什麼事情，讓妳這麼傷心？」

女子回答：「我的衣服不見了。可以把你的衣服借給我穿嗎？」

阿根回道：「妳這樣赤身裸體穿了我的衣服，就如同我們有了肌膚之親。所以，要穿我的衣服，妳就得做我的妻子。」

沒了衣服的杜鵑女神更加害羞，也沒有別的選擇。好在阿根英俊瀟灑，她猶豫了一下便同意了。

兩人便在一起過著幸福的生活。可是，每年杜鵑鳥們成群結隊地飛過這裡的時候，杜鵑女神都感到十分憂傷。甚至當其他姐妹又去海邊洗澡的時候，她也跑過去，想和姐妹們敘敘舊，可是已經沒有人記得她。這讓她愈加傷悲。

這時候，阿根和杜鵑女神已經有了兒子。小孩子貪玩，到處亂翻，竟找出了當年杜鵑女神的天衣，興沖沖地捧到了母親面前說：「媽媽，看我找到了好東西！」

杜鵑女神看著自己的天衣，馬上明白了。她穿上天衣，質問丈夫：「為什麼要這樣對我？為什麼要欺騙我？」說完馬上變成杜鵑，飛向天空，去尋找自己的姐妹們了。

趁著諸位女神洗澡而將天衣拿走，使她不能回到天上，這不禁讓我們想到中國七仙女的故事。可是，與中國傳說中的美好愛情故事不同，豐受大神被老夫婦欺負，喜鵲女神發現被騙十分憤怒，都不是令人感到幸福的結局。

小知識

豐受大神與天照大神

在伊勢神宮的外宮中，住著豐受大神。傳說雄略天皇做過一個夢，夢中見到了天照大神，天照大神對他說：「我自己孤身在神社中，十分寂寞，想要有個陪伴。有一位女神叫豐受大神，我十分喜歡她，只是她經歷坎坷，如今只被供奉在丹波國的一隅，你將她迎接到我的身邊，讓她能時時陪伴我，幫我打發時光。」因此，雄略天皇就在伊勢神宮建立了外宮，將豐受大神迎接了進來。

因幡的白兔

前面我們講過大國主神和祂的八十個兄弟的故事。八十個兄弟都想向著名的美女稻羽的八上比賣求婚。祂們結伴向稻羽行進，但是所有人的行李卻都交給大國主神背著。八十個兄弟說說笑笑走在前面，大國主神卻像個隨從一樣，默默地背著行李跟在後面。走到氣多海角的時候，大家看到一隻小小的白兔。白兔被撕去了毛皮，倒在海邊，奄奄一息。

八十個兄弟起了壞心眼。祂們故意裝作好心的樣子，過去噓寒問暖，然後告訴白兔：「祢這樣的傷啊，必須要將海水塗在身上，然後走到山上去，迎著風吹乾，就

白兔神社

可以馬上痊癒了。」

白兔高興地謝過祂們，照著做了。可是等海水吹乾了，白兔的皮膚繃得發痛，身上全都裂成了一片片的，裂口裡滲出血來，疼得牠倒在地上打滾，卻愈發疼痛，只好支撐著身體勉強立住。八十個兄弟見了卻哈哈大笑，轉身離去了。

最後，大國主神來到了牠面前，問：「祢怎麼這般痛苦？」

白兔回答：「唉，這都怪我啊！我本在淤岐島上，想要來到這氣多海角，可是我卻不會游泳，又沒有船。我就想了個辦法，我叫來海裡的鯊魚，騙祂們說：『我的族人很多，我打賭肯定比祢們多。祢們不信的話，就排成一排，從這裡排到氣多海角上去，我從祢們背上邊走邊數，就知道到底是不是這樣了！祢們敢打賭嗎？』後來，鯊魚們照我說的做了。我便暗暗得意，一路踏著牠們來到了氣多海角。踏上最後一隻鯊魚的時候，我不禁回頭大喊：『祢們這些笨蛋，謝謝祢們把我送到家！』，結果最後一隻鯊魚聽了大怒，馬上張開大口剝去了我的毛皮。我便趴在這裡奄奄一息了。後來我還被人騙了，祢的八十個兄弟不久前經過，祂們告訴我：『把海水塗到身上，然後去吹乾。』我照做了，卻愈加痛不欲生。」

於是大國主神說：「祢現在要馬上去河口那裡，用清水洗淨身體，再把河口的蒲花粉鋪到地上，在上面打幾個滾，就能痊癒了。」

白兔便按照大國主神說的話去做了，果然皮毛馬上恢復，比原來還要漂亮。牠對大國主神說：「祢的心地如此善良，不是祢那八十個心地邪惡的兄弟能比得上的。雖然現在祢被祂們欺負，讓祢背負行李，但是，能讓八上比賣看得上的，只有祢一個！」

果然，八上比賣拒絕了八十神的求婚，只傾心於大國主神一人。

因幡的白兔的故事是日本最著名的預言傳說之一。白兔預言八上比賣會選擇大國主神，並且果然言中，似乎有意促成一段良緣。可是，相信看了前文的讀者也知道，八上比賣在選擇了大國主神後，生活卻有些悲慘。這些，不知道白兔是不是也預見到了呢？

小知識　大國主神的治癒

因幡的白兔因為其傳說，又被叫做「說謊的兔子」、「預言的兔子」，在有些地方被當作兔神。牠因為說謊受到了鯊魚的懲罰，被剝去皮毛，眾人中只有大國主神告訴了牠正確的處理辦法，使牠能痊癒。因此，大國主神也被看作是治癒之神、醫療之神，保佑人們身體康健，或者盡快恢復健康。

死於烹飪的女神——大氣都姬神和保食神

大氣都姬神是伊邪那岐命和伊邪那美命的孩子。她出生於火神之前。火神剛出生，母神伊邪那美命就去世了。

大氣都姬神很喜歡烹飪。她常常做出美味的食物給眾神品嚐，大家都對她的手藝讚不絕口。羽山戶神正是因為她美麗善良，又做出一手好菜，而傾心於她。羽山戶神曾對大氣都姬神說：「妳美麗聰慧，烹飪更是一絕。我已經離不開妳做出的飯菜，吃其他的東西都味同嚼蠟。我已經離不開妳的美貌，看到別的女人都覺得她們如同傀儡。請妳做我的妻子吧！」

大氣都姬神也很喜歡羽山戶神，認為祂是自己的知己。於是二神結合，成為夫妻。二神在婚後生活十分美滿，時時在一起探討烹飪的技巧。

直到有一天，速須佐之男來到高天原肆意玩耍了一番，跑到大氣都姬神那裡，說道：「聽說妳烹飪的手藝在高天原中當屬首位。那麼，給我做點吃的吧！」大氣都姬神點頭答應，要祂在一旁等候，自己從身體上生出食材來，並從鼻子、嘴裡、肛門裡將它們一一取出，開始烹飪。速須佐之男見了大怒：「妳竟敢用這些污穢的東西給我做飯！要我吃這些噁心的東西嗎？」不容大氣都姬神解釋，便一劍將她劈死。

可憐的大氣都姬神，飯菜還在烹飪中，自己卻已經一命嗚呼了。死去的大氣都姬神的身體漸漸化作了各式各樣的種子。頭上生出了桑蠶，雙眼化為了稻種，雙耳生出粟米，鼻子生出紅豆，私處生了麥種，肛門生出了大豆。

神產巢日神命人將其收集起來，於是有了種子。

被這樣殺死並且生出食物的還有保食神，更巧合的是，保食神是被速須佐之男的姐姐月讀命殺死的。

月讀命奉天照大神之命，來到葦原中國看望保食神，表達了高天原對對她的問候。保食神為了給她準備食物，便面朝大地嘔吐，吐出飯來。又對著大海嘔吐，吐出魚蝦。接著，她又面對群山嘔吐，吐出各種動物。

可是，月讀命卻怒不可遏：「我特意前來問候妳，妳卻這樣羞辱我！難道要我吃妳吐出來的這些噁心東西嗎？」於是，正在氣頭上的月讀命一劍殺了保食神。

天照大神派使者去看保食神的屍身，只見其頭部已經化作了牛馬，額上長出了粟米，眉毛化作了繭，腹部長出了水稻，私處長出了小麥和大豆、小豆。使者將這些收集起來，回稟天照大神。自此，人間才有了這些東西。

至此，五穀、蠶桑、牲畜等就全都出現了，人們有了食物的來源。

可是，這些食物是從哪裡來的呢？都是從被殺死的女神身上長出的。這真是極為殘忍的事情，要靠殺死無辜的女神，人們才有了食物，從此可以生活下去。

而兩位女神被殺的原因是什麼呢？都是因為她們從肛門或者用嘔吐生出食材。前文說過，伊邪那美命的嘔吐物、糞便和尿液都化成了神，這兩位女神也從肛門或者嘔吐物中汲取食材。似乎在日本人的觀念中，這些「不潔」都是聖潔的。可是，月讀命和速須佐之男都認為自己被羞辱了，顯然在祂們的觀念中，這些又確實是穢物。這似乎顯示出日本人在這方面認知的深深矛盾。

小知識　死去的女神和大地母親

兩位女神被殺死，然後五穀出現，人類有了食物。事實上，五穀也好，其他植物也好，都是從大地中長出來的，一切生物都被大地養育著，因此大地往往被稱為「大地母親」。這裡被殺死的兩位女神正是代表了「大地母親」的形象。她們被殺死，大概意味著人對於大地的一種掠奪，和母親養育子女的一種犧牲。

給人們帶來福氣的神——七福神

這裡要為大家介紹的七福神，確確實實是七位不同的神。祂們彼此之間關聯並不大，是日本民間甄選出來，認為最能給大家帶來福氣的神。而選擇七這個數字，也因為它代表吉祥順利的意思。

七福神是日本傳說中掌管福運的七位神，祂們分別來自於佛教、道教、婆羅門教等，並與日本本土文化相互融合。人們往往在正月的時候祭拜祂們，祈求一年的好運。之所以選擇七這個數字，主要是受到中國的竹林七賢的影響。至於七福神究竟是哪七位神，說法有很多，多數認為指的是惠比壽、大黑天、辯才天、毗沙門天、布袋神、福祿壽、壽老人這七位神。

七福神

惠比壽

惠比壽的形象是手握釣竿、抱著鯛魚、樂呵呵喜氣洋洋的，看起來就像中國年畫上「年年有餘」的那個胖娃娃，只不過祂的模樣是個大叔。

傳說祂是從遠方漂洋過海來到日本的，也有的人說祂就是那個被伊邪那岐命和伊邪那美命順水拋棄的孩子水蛭子。惠比壽最初是漁民們的保護神，人們堅信這位異邦來的神會讓祂們獲得豐收。於是，祂們往往把在海裡撿到的石頭、在海中捕到的鯊魚海豚，甚至是擱淺海灘的屍體都當作是惠比壽來祭祀，表達自己無上的敬意並祈禱祂的保佑，足見惠比壽在漁民心中的位置了。

不過隨著時間的發展，人們對祂的崇拜從海洋發展到了內陸，並將祂當作商業神，農業神、甚至山神等。有的時候人們也認為祂是那個漂洋過海而來的異邦神和被拋棄的水蛭子的結合，似乎這樣祂的神力就會更強，人們向祂祈禱時應驗的可能也更高了。

祭祀惠比壽的有西宮神社、倉鶴岡八幡宮等。每年的正月初十是惠比壽日，從這天開始，人們會連續十天對祂進行祭祀，稱作「十日戎祭」。參加這個祭典的以商人最多，往往是祈求一年的生意興隆順利。

十日戎的時候，人們會把米俵、小金幣、鯛魚、福帳、小鼓等裝飾品掛在竹子上，稱為「福竹」。再準備各種元寶之類的東西，用來裝飾神龕。在祭典開始之前，還會選出一位漂亮的福娘，由她給大家分發「福氣」。

如今，進行十日戎最著名的是今宮戎神社，祭典的時間一般為一月九日至十一日這三天，幾乎是二十四小時不間斷，熱鬧非凡。

大黑天

日本的大黑天現在的形象是扛著大布袋，拿著小鼓，敦實地坐在米俵上，儼然是一位憨厚可愛的大叔，不過祂原本可不是這樣的。

大黑天本來是印度的神，一副青黑的身體，頭髮倒豎、怒目圓睜、三頭六臂、手中提著武器和屍體，模樣恐怖猙獰，是一位破壞神和戰鬥神。但是，有記載說祂也被當作廚房神，擺放的銅像被人時時擦得發亮。事實上，最初進入日本的時候，祂被當作寺廟的廚房神。後來，祂成了灶神和五穀神，再後來又成了商業神。逐漸的，祂在日本人心中戾氣盡消，成了沒脾氣的老好人，還總是為祂們帶來好運。

在與日本文化的融合中，大黑天奇妙地與大國主神重疊混合了。大國主神是一位老實的神（除了好色之外沒什麼缺點），這也是對大黑天形象改造的推進吧！

在祈祝的時候，人們還會跳一種舞蹈，叫做大黑舞。表演者戴著黑色頭巾，搖著小鼓跳起來，以前，人們還會唱：「一要坐米俵，二要憨憨笑，三要賜我福，四要佑我安……」

在日本，有一個俗語叫「大黑柱」，指的是房屋中間緊挨著廚房的那根大柱子，因為處於房子最中心的位置，也比喻某人是家中的頂樑柱。可見，大黑天在日本受歡迎的程度。

大黑天的祭典叫做甲子會。其過程可是相當神祕的。

辯才天

辯才天的形象是一位手持琵琶的端莊女神。她和大黑天一樣，也是來自印度。她是水神、豐收神、音樂神、學問和辯論神。在日本的傳說中，她從天而降臨，來到了江之島，又叫做弁財天女神。

事實上，她總是和另一位來自印度的女神吉祥天混為一談。不過辯才天比吉祥天更受歡迎，在很多本屬於吉祥天的傳說中代替了她，比如下面這個故事。

信濃寺裡的一位僧人，原本每天潛心修佛。可是有一天，祂見到了某個寺廟中的吉祥天的塑像，竟從此動了凡心。祂不再日日誦經，而是開始日日祈禱：「要是我能有這樣一個妻子多好啊！」終於有一天，祂的願望實現了。祂與吉祥天情投意合，你儂我儂，終於共同翻雲覆雨，暢快淋漓。可是，一睜眼睛，這竟然是一個夢。第二天早上起來，祂驚訝地發現，在吉祥天的腰上有一些東西，正是男子在歡愉之後留下的東西。之後，祂又做了一個夢，夢中吉祥天囑咐祂，要祂不要把這件事情說出去。可是，祂還是不小心說漏了嘴，受到了吉祥天的懲罰。

這個故事在傳播中，女主角逐漸變成了辯才天。人們對吉祥天的狂熱喜愛也消退了，轉為了對辯才天的崇拜。就這樣，原本地位崇高的吉祥天成為了辯才天的影子。

辯才天除了是學問辯論神之外，還增加了財神的功能。這主要是因為加入了七福神的緣故。辯才天的「才」也時常被人們寫為「財」，顯示了她做為福神為大家聚財的特點。人們還認為她只要將金錢放在水中清洗，就會讓金錢增值。

毗沙門天

毗沙門天的形象是身穿鎧甲、一手執晝戟、一手托著蓮塔的武將。祂是七福神中唯一的一位武神。同樣的，祂也來自印度，是守護四方的神中守護北方的神，在佛教中，這四位神又被稱為四大天王。佛教傳入日本的時候，四大天王也一併傳入。平安時代，皇都的北面建立起寺廟專門祭祀毗沙門天，希望祂能守護京城。祂在日本被當作威武的戰神，好幾位著名的武將都自稱是祂的子嗣，戰旗上也印著祂的名字。

七福神都是為人們帶來財富和好運的神，為什麼會出現一位武神呢？有人認為，有可能在傳播過程中，祂的形象和印度原來的財富之神被人們誤會是同一位了。也有的人認為，正因為祂是武神，可以守護其他福神為人們帶來的福祉，所以是必不可少的。

毗沙門天還有一位使者，那就是蜈蚣。蜈蚣居然會成為神的使者，這真是不可思議。不過，也可能是因為毗沙門天是武神的關係，才選擇了蜈蚣這樣令人害怕的動物吧！事實上，日本一些地方把蜈蚣當作礦山之神來尊敬。

布袋神

布袋神的樣子是一個大腹便便、一手握著蒲扇、一手拎著大布袋的和尚。祂是七福神中唯一一位由真實存在過的人轉化來的神。這個人就是唐朝末期的契此和尚。祂總是拿著個大布袋子，不管別人施捨了什麼都直接塞進袋子中，看到窮人也不管是什麼就從袋子裡拿出來送給人家。後來，祂的形象轉變成中國人熟悉的彌勒佛。

在日本傳說中，在人們遭遇困苦的時候，彌勒總是乘著裝滿了糧食的大船駛來，將糧食送給飢餓的人。現在，沖繩還有彌勒舞，表現彌勒乘船而來那讓人歡欣鼓舞的時刻。

因為祂那大腹便便的喜慶樣子，還有那樂善好施的性格，人們將祂納入了七福神中，希望祂能從布袋中拿出好運和財富分給自己。

福祿壽

福祿壽是個小矮個兒，頭和鬍子都很長，拄著一根拐杖。祂是從中國傳到日本的。但是，在中國福祿壽是三位不同的神，分別代表的是福氣、財富、長壽，祂們的形象都是正常的仙翁的模樣，身材也並不矮小。到了日本，這三位仙翁被合併成了一位。

福祿壽是南極星的象徵，但是日本人對於星的信仰較為微薄，因此雖然將祂保留為七福神之一，但卻不單獨供奉。

壽老人

壽老人其實也是個矮個子的小老頭，祂的形象與福祿壽很相似，只是多了一頭小鹿做為使者。祂代表的和福祿壽中的壽是同一個意思，就是長壽。事實上，祂和福祿壽基本上是重疊，但是日本人在選擇七福神的時候，一定要湊足七個，所以就把祂們兩個都留了下來。

小知識　習合神

這裡的七福神就是習合神。所謂的習合神，是指由本來沒有關係的宗教或者文化中的神混合而來的神。習合本來是宗教之間融合發展的一個普遍現象，宗教為了擴大自身的勢力應和世道，會從其他宗教中借鑑一些神與自身融合形成新的神，民眾也常常將不同宗教或者文化中的神混淆從而形成習合，這也是日本神明形成的一個重要的途徑。

第二章

歷史人物化成的神

在日本，人們認為草木萬物都能夠成神，所以有了八十萬神之說。那麼，在萬物中最有靈性的人也有了成為神的可能。人們將歷史上著名的人物進行種種神化，認為他們即使死去也依舊有所做為，脫離了人的身分而昇華為神，並將他們供奉在神社之中。

人成為神被祭祀，最初只有兩種形式。

一是死後化作御靈怨魂。他們一般生前有很大的成就，但是死時非常悽慘，因此魂魄擁有了常人無法比擬的怨力。因為他們在人間作亂，沒人能夠制止，人們不得不將其做為神明供奉起來，以求庇佑。

事實上，最早成為御靈的應該是長屋王和藤原廣嗣。前者被判了謀反罪，株連整個家族，後者則是戰敗而死，兩人死狀都相當悽慘。他們死後，據說都出現了大規模死亡事件。人們惴惴不安，開始相信是他們的御靈在作祟。

之後的是井上內親王和早良親王。井上內親王身分十分尊貴，她是聖武天皇的皇女，稱德天皇的妹妹，光仁天皇的皇后。但是她卻被人冤枉污蔑天皇，遭到幽禁，被迫自殺。幕後黑手正是之後即位的桓武天皇。桓武天皇即位後，立自己的弟弟早良親王為皇太子，之後準備遷都。在遷都過程中，藤原種繼被暗殺，成為皇太子的早良天皇被當作疑犯流放，並在流放途中死去。

這兩個人死後，大規模的瘟疫爆發，死了很多人，接著，叛亂四起。隨後，新任的皇太子重病纏身。桓武天皇意識到這是早良親王和井上內親王的御靈作祟，非常恐懼。他為他們恢復名譽，修整陵墓，誦讀經文。但是這些絲毫沒有能讓這兩位御靈得到安慰。桓武天皇剩下的一生都被這種恐懼折磨著。

漸漸地，人們對御靈怨魂愈發恐懼。為了安撫他們，甚至由朝廷出面組織了御靈會。對於過於強大無法平息的靈，人們開始建立神社，供奉他們，祈求他們不要再作惡。我們本章中所講到的菅原道真和崇德上皇都是這樣的典型。

二是人可成神。日本素有「八十萬神」的說法，也就是萬物皆可成神。那麼，做為萬物中最有靈性的人為什麼不可以成神呢？並且，在佛教傳入後，日本人更是接受了人可以修練成佛的思想。經過無數苦難之後，人就可以「覺悟」，不必繼續在輪迴中受盡苦難，而可以昇華成「佛」這種在人之上的存在。也就是說，佛本身就是存在於人之中的。這種理論促使了人可以上升為神的理念的形成。

一直到了中世紀時期，日本人都認為佛以神的姿態出現在人的面前。這裡的佛是介於神與人

豐臣秀吉

之間的一種形象，他們比人更有神力，比神更有人性。那麼，人上升為佛之後，也就獲得了神的姿態了。

之後，吉田神道發展開來。吉田家在豐臣秀吉成神的過程中貢獻了不可磨滅的力量，也開創了人死後立即成神，供奉到神社中進行祭拜的先例。此舉引起了當時權貴的紛紛效仿，他們讓自己死後也變成神，凌駕於一般人之上。

經由這種種發展，人或者以御靈的形式入駐了神社，或者是在死後馬上成神進入了神社。總而言之，人開始成為神，入駐了神社。

學者怨靈——菅原道真

九世紀的日本，活躍著一位充滿才華的政客，那就是菅原道真。他是著名的文學家菅原是善的兒子，自幼便嶄露出自己的才能，少年時期就已經在同時代的學者中鶴立雞群，備受矚目。最初重用他的是宇多天皇，目的是為了抑制朝中權臣專制的勢頭。十年後，醍醐天皇即位，進一步提拔他，將他任命為右大臣。

他才華出眾，受到天皇的賞識，並且大展拳腳，果然發揮了抑制權臣的作用，同時侵犯了他們的利益。受到影響的人很多，包括藤原氏一族和攝政臣與關白臣等。

當時的左大臣正是藤原時平。他對於菅原道真的才華和天皇對他的認可感到十分嫉妒和憤怒。

他想：「這傢伙運氣實在是太好了，有那麼有名氣的父親，有這樣的才能，還被委以重任。正是因為上天如此眷顧他，他才這樣得意忘形，居然敢在我面前頤指氣使起來。我一定要想辦法除掉他。」

菅原道真

藤原時平很聰明，他知道這樣想的人不只自己一個，於是聯合了一大批人，不斷搜集所謂的證據，向天皇和他身邊的人進行祕奏。

所謂三人成虎，眾口鑠金。在藤原時平等人長期進諫讒言之後，菅原道真終於遭遇了不幸。最信任他的醍醐天皇退位，並在齋世親王即位前便下令將他流放。

菅原道真被貶為了大宰權帥，流放地在北九洲。他在太宰府中鬱鬱寡歡，始終不明白忠心耿耿又才華橫溢的自己為什麼會受到這樣的對待。他原本已經積勞成疾，現在又如此抑鬱無法排解，不免身體一天天衰弱，勉強度過兩年多的時間，就在太宰府中病死。

臨死前的菅原道真還在對天發問：「神啊！難道我不是上天的寵兒嗎？為什麼卻受到這樣的對待？為什麼！」

可是，直到死去，菅原道真也沒有找到答案，而關於他的傳說，也才真正拉開了序幕。道真死後不久，當地忽然爆發了一場瘟疫，死了不少百姓。緊接著雷雨頻繁，澇災兇猛，不管怎麼治理都不管用。人們聯想到道真死前的樣子，恍然大悟：「這是菅原道真的怨靈作祟啊！」人們都感到恐懼，甚至連朝廷也感到恐慌，連忙將死去的道真的官位恢復到了右大臣，還將他的遺孤接回京城好好照料，以圖安撫道真亡靈。

就這樣，相安無事了一段時間。人們也漸漸快要忘記道真怨靈之事了。可是，五年之後，當年陷害道真的主要參與者藤原菅根忽然去世了。第二年，主謀藤原時平也死了。

很快，紀長谷雄也死去了。當年，道真將被流放時，已經退位的宇多天皇準備啟奏朝廷，撤掉這一荒唐的決定，正是這個紀長谷雄使用了一個陰險的手段阻止了他的上奏。接著死去的是源光。如果說紀長谷雄只是道真被流放的推波助瀾者，源光則是直接受益者，菅原道真被貶謫後，源光使用種種手段坐到了右大臣的位置上。

人們再次感到了恐懼，認為是死去的道真回來懲罰那些算計過自己的人。

接下來，被懲罰的是醍醐天皇。不過，他並沒有死去，死去的是他的兒子，十四歲的皇太子。醍醐天皇失去愛子的瞬間，彷彿看到了道真那報仇成功的臉，他不禁傷心地大哭：「道真喲，原來真的是你！你還對當年貶謫你的事情感到憤怒，所以你來報復我了，才奪取了我兒子的性命呀！」

此時，道真已經死去整整十年了。可是，災厄並沒有停止。很快，又一場瘟疫蔓延開來，奪取了無數人的生命。緊接著，雷雨交加，皇宮中的紫宸殿竟然被驚雷擊中，又奪走了很多人命。在這次雷擊中死去的人，有一個是當年參與陰謀的藤原家族的成員——藤原清貫。同年，被喪子之痛折磨的醍醐天皇也去世了。

在這一系列的天災之後，還有人禍，相繼發生了藤原純友和平將門的叛亂，史稱承平、天慶之亂。人們認為，這也是道真怨靈作祟的結果。在動亂中，同樣有很多人死去。

從此，道真的怨靈形象便在人們心中紮根，但凡有些風吹草動，人們就會想到：「啊，是道真來報復了！」

可是，即便如此，道真也只是一個惡靈而已，後來如何變成了神呢？

這與兩個人有關。

第一個人叫做道賢。道賢寫了一本書，記錄自己在修行的時候閉氣進入假死狀態，能夠靈魂出竅的故事。在書中，他說自己被帶到了一個大魔王面前，那個魔王宣稱自己法力無邊，準備毀掉整個日本，還說已經降下了許多瘟疫和雷雨，並帶道賢去參觀地獄，地獄中醍醐天皇和幾位主犯正在遭受紅蓮業火炙烤之苦。不用問，這個魔王就是菅原道真的怨靈化成的。道賢說自己靈魂回來，身體復活後馬上記錄了這一切。

第二個人叫做多比治文子。文子是個貧窮的女人。有一天，她宣稱自己得到了道真的天啟，從此便傾盡自己所有為道真建立了一座小祠堂。後來，祭拜的人越來越多，道真在很多地方都有了自己的神殿。人們對他的稱呼也改變了，不是道真，不是怨靈，而是天神。

至於為什麼是天神，人們也給出了一個合理的解釋。菅原道真如此才華橫溢，一定不是人的兒子，而是神的子嗣。所以他是神寄養在菅原家的神之子。在他死後，他向自己的父神訴說了冤屈，恢復了神力，成為雷神，對陷害他的人展開報復。解除了怨恨之後，他便和一般的神明一樣，發揮靈通，保佑自己的信徒。

這樣，時間久了，人們漸漸忘記了，或者說原諒了這位天神給人間帶來的禍亂，更加注重的是他的才華。人們認為，他那超出了「人」的能力範圍的才華，才是他真正的能力。因此，人們更認同他是學問之神、藝術之神，並認真祭拜，希望他把才華分給自己一點。也因為如此，每年都有很多考生去祭拜他，就好像中國考生喜歡祭拜文曲星一樣，希望祂能給自己帶來好成績。

於是，一個本是到處作亂的怨靈，漸漸成為了學問之神。這對道真來說，也算是一個好結果吧！

小知識 怨靈

日本怨靈之多，不亞於其神明數量。怨靈主要分兩類，一類是女子，在感情上遭到背叛的青年女子、被丈夫在身體和精神上虐待的女子、未婚先孕被社會遺棄而自盡的女子、失去兒女的母親、被主人虐殺的女僕等。如著名的丑時之女。因為在古代日本女子地位低下，勢單力薄，活著的時候即使受到傷害也沒有辦法，只能在死後化作怨靈進行報復。

第二類是在朝中被傾軋的政客或者在戰爭中死去的將領。因為古代日本往往朝廷晦暗，戰爭不斷。菅原道真就可算作此類。人們認為，這些活著時出類拔萃的人物，不會甘於就這樣默默死去，尤其是那些死在戰場上的將領，死後更是充滿戾氣。

日本天皇自稱神之後裔，神道是其統治基礎。相對於神，自然就會有魔。怨靈就是魔的一種。只要有無法解釋的災難，當時的日本民眾就會自然聯想到是怨靈作祟。甚至在後來，還形成了日本獨特的恐怖文化。

悲戚魔王——崇德上皇

崇德上皇一生坎坷，雖然貴為皇室，後來還做了天皇，經歷卻十分令人同情。要瞭解崇德上皇，還要從他的曾祖父說起。

白河天皇讓位給崛河天皇，崛河天皇死後，五歲的鳥羽天皇即位，白河法皇依舊掌管實權。西元一一一九年，鳥羽天皇和侍賢門院的藤原璋子生下長子崇德。但是，鳥羽天皇一點也不喜歡這個孩子。他想：「侍賢門院是祖父的親信。璋子名義上是祖父的養女，可是為了巴結祖父，恐怕早就獻身了吧！證據就是祖父對她幾乎有求必應，寵愛有加。如果只是一般的養女，怎麼可能會這樣呢？這樣的說詞只不過是避人耳目罷了。要我娶她，不如說是在我身邊安插奸細吧！防止我拉攏到其他的權貴。至於這個孩子，恐怕也是祖父的種，硬要安到我頭上的吧！」因此，鳥羽天皇並不認為崇德是自己的長子，反而冷冷地稱其為「叔父」。

流放贊岐的崇德上皇

在白河法皇的主持下，鳥羽天皇讓位於崇德天皇，那時候崇德也是五歲。這使鳥羽在心中確認了崇德是自己「叔父」的猜測，於是更加記恨。那時候，白河法皇依舊是實權者，並且是侍賢門院的靠山，小小年紀的崇德似乎前途光明。然而，也就在崇德即位的那年，年邁白河法皇就死了，實權落到了最厭惡他的鳥羽上皇的手中，崇德的命運一下跌到了谷底。

鳥羽上皇獲得實權後，馬上疏遠侍賢門院，拉攏過去白河法皇排擠的高陽院，同時開始寵幸美福門院的藤原得子，並且生下了一個兒子。鳥羽上皇非常疼愛這個兒子：「這才是我的骨肉，是我和我最心愛的女人生下的孩子！那個雜種的好日子過得夠久了，該是我的兒子君臨天下了！」因此，這孩子還不到三歲，鳥羽就急著強迫「叔父」、當時二十二歲的崇德天皇讓位，讓小兒子成為近衛天皇，自己則繼續掌權。

崇德上皇從此形同虛設，每天只好沉迷於酒會中，寄情於和歌。他這種不求上進的狀態讓鳥羽放心下來，於是讓親信的美福門院收崇德的兒子重仁做了養子。

然而，近衛天皇自小體弱多病，年僅十七歲就死去了。崇德認為自己的機會又來了，他的兒子重仁極有可能即位。鳥羽非常傷心：「為什麼我的兒子這樣可憐，那個雜種卻身體康健，這麼長壽！」

近衛天皇沒有子嗣，所以該由崇德上皇的兒子、美福門院的養子重仁即位。可是，鳥羽法皇對崇德一支都十分厭惡，對重仁也不例外，便準備讓美福門院的另一個養子守仁即位。可是，守仁過於年幼，最終決定由守仁的生父、近衛天皇的哥哥雅仁即位，成為後白河天皇。崇德剛剛燃燒起來的希望徹底破滅了。

此時，崇德上皇由於鳥羽法皇的排擠，在這偌大的皇室中竟成了多餘的一個，要說從前處境尷尬，如今就已經是窘迫了。他每天都活得小心翼翼，如坐針氈，簡直就像在牢籠中一樣。

這時候，朝中大臣藤原賴長開始接近他，並幫助他建設力量。藤原賴長的女兒泰子是鳥羽法皇的正室，但是因為受到藤原忠通的讒言，藤原賴長失去了鳥羽的信任，轉而想在崇德身上賭一把。

這個藤原忠通是誰呢？他是崇德的妻子藤原聖子的父親。崇德和聖子十分恩愛，可是一直沒有生育，前面提到的重仁是崇德和另一個女子生下的孩子。這點讓藤原忠通十分氣憤，因此便站到了鳥羽法皇和後白河天皇的身邊。

在朝中同情崇德的人也有不少，因此漸漸形成了崇德派。而鳥羽法皇年老，後白河天皇又沒什麼實權，鳥羽、後白河派出現衰落之勢，就這樣形成了兩派對峙的局面。崇德上皇心想：「這樣發展下去，我就會擁有自己的力量。到時候，我就能奪取實權，一雪前恥！」

對峙局面持續了一段時間，一個打破僵局的時機到了——鳥羽法皇去世了。

崇德一派想趁此機會奪權，而後白河一派也準備趁此機會除去對方。很快，雙方兵戎相見，日本歷史上著名的保元之亂爆發了。

僅僅幾個小時，勝負立分。崇德一派召開軍事會議，決定暫時按兵不動，等待援兵到達再一起行動。可是，後白河一派卻抓住戰機，奇襲崇德派，將其一網打盡。混亂中，藤原賴長受了重傷，希望已經退隱的生父能提供幫助，但是遭到拒絕，含恨而終。他的四個兒子全被流放。追隨他們的武士則無一不被處以極刑，場面慘烈。

崇德上皇本人也被流放到贊岐國，在那裡度過八年，最終死在了那裡。崇德上皇的死訊傳到京都，後白河上皇連國葬和國喪之禮都沒有舉行。

天狗

傳說崇德死前曾有一個願望，就是死前能回到京城，死後能夠成佛。他刺破手指，血書《大乘經》，整整三年，寫成五部，並託弟弟向朝廷轉達意願，希望將這些經書供奉在京城附近。可是，朝廷堅決拒絕了這個請求：「你活著沒有意義，死了也一樣沒有意義。」

崇德上皇徹底絕望了：「我活著的時候雖然貴為天皇、上皇，卻備受冷落，飽嚐人間冷暖，在希望與絕望之間大起大落，身心俱疲，並且因為身分高貴而更加悲哀。現在，我即將死去，只不過盡力想成佛，在死後擺脫厄運，卻連這點也得不到成全！我這一生，從生到死，都要受人鉗制！堂堂皇室成員，竟被朝廷說成是完全沒有意義的存在！」

從此，崇德上皇不吃不喝，日夜參悟經書，他想：「既然這些經書不能助我成佛，就助我成魔吧！讓他們看看，我這個沒意義的人，究竟有怎樣的力量！」接著，他用盡力量咬破舌尖，蘸血在經文的末尾寫下了最惡毒的詛咒，最後將經書沉入了海底，讓這詛咒永世不能破解。他的頭髮漸漸長長，指甲變得尖銳，臉色通紅，鼻子又高又長，眼神也變得兇惡，他竟然成了強大的妖怪——天狗！從此，他成為天狗的首領，鎮守白峰，開始了自己的報復。

接下來，親近後白河天皇的建春門院、高松院、六條院、九條院全部遭遇不測。緊接著，又發生了延曆寺強訴、安元大火、鹿谷陰謀事件。日本社會動盪不安，人心惶惶。人們都說：「崇德上皇死不瞑目，他的怨魂來報仇啦！」

朝廷也終於害怕起來，對他的怨靈進行了一系列的撫慰工作，如追封諡號、講經祈福、建立神社等。但是，崇德上皇不為所動，七百餘年來，他的怨靈一直徘徊在人間，成為名副其實的恐怖大魔王。甚至在後世兵戈相見時，都要先拜祭他，生怕他去幫助敵方。

崇德上皇一生坎坷，充滿無奈，被人傾軋至極，連死後成佛的願望都不被允許。死後他卻變得無比強大，成為一代魔王，不再輪迴，只在人間作亂。似乎死後的權威和恐怖能夠稍微彌補一點他活著時的遺憾。現在，他被供奉在白峰神宮之中。

小知識

天狗

天狗本來是中國《山海經》中的妖怪，長得像狐狸，民間有「天狗食日」的傳說。但是在日本，天狗的形象完全變了。牠身材高大，臉像抹了紅泥一樣，鼻子長長的、高高的，手持團扇，腳踩木屐，背後還有一對翅膀。傳說牠十分兇殘，能夠輕易地把人撕成碎片。後世說那些修行不足卻自以為是的山僧死後會變成天狗；還有傳說天狗出現便會天下大亂，連日本皇室還有專門封印天狗的儀式。

天狗並不是一隻，而是很多，並且還分等級。雷天狗的地位最高，其次是大天狗、天狗，再之下還有鴉天狗、白狼天狗、木葉天狗、山伏天狗等等。

位極人臣——藤原鎌足

藤原鎌足一生都有很大的影響力，這一點只要看一眼供奉他的神社就能體會——供奉他的談山神社竟是一座高十三層的塔！他在飛鳥時代十分活躍，在大化改新中做為天智天皇的心腹發揮著重要的作用，這是日本歷史上具有劃時代意義的改革，此外他還是影響了整個平安時代的藤原氏的始祖，是藤原氏繁榮的基礎。

藤原鎌足本名是中臣鎌子。父親是當時宮中的專職祭祀。在他青年時期，正是蘇我蝦夷、蘇我入鹿掌權時期。

首先，我們先來說說蘇我蝦夷、蘇我入鹿在當時的地位。

推古天皇駕崩時，皇嗣還沒確立。傳言蘇我蝦夷想推舉田村皇子，山背大兄王竟然嚇得不敢再爭奪皇位。群臣中也有很多人支持山背大兄王，其中以蘇我蝦夷的叔

藤原鎌足

父蘇我摩理勢最為堅定。蘇我蝦夷得知後冷笑著說：「就讓你看看違背我意願的下場！」然後直接派兵殺了蘇我摩理勢。「凡是反對蘇我蝦夷的人都要死啊！連他的叔父都如此，何況是我們這些人呢！」群臣認清了現實，再也沒人敢對蘇我蝦夷的決定說「不」了。

緊接著，眾臣擁立蘇我蝦夷選定的田村皇子為舒明天皇。舒明天皇死後，蘇我蝦夷又擁立了皇極天皇。

此時的蘇我蝦夷雖然是人臣，卻擅自使用皇族的待遇。他私自邀請進貢使者，像天皇一樣接待和談話；還修建帝王級別的豪華陵墓，一大一小，分別給自己和兒子蘇我入鹿；欣賞只有天皇才有資格看的歌舞，享受皇族禮樂；最重要的是，他還私自授予兒子只有天皇才能授予的官職。

他的兒子蘇我入鹿更加囂張跋扈，他率人襲擊山背大兄王，逼迫上宮王族集體自殺。

蘇我氏的暴行引得天怒人怨。可是其他人都敢怒不敢言。

當時，只有藤原鎌足懷著正義感和責任心決定挺身而出，他心想：「蘇我氏這樣逆天而行，必須要徹底剷除，才能有一個清明的天下。」蘇我蝦夷雖然連天皇都不放在眼裡，卻唯獨對鎌足十分敬重。因此，鎌足對他也有更深的瞭解。

鎌足聯合輕皇子（後來的孝德天皇）和中大兄皇子（後來的天智天皇），結成了反對蘇我氏的同盟，共同商議討伐大計。兩位皇子雖然身分尊貴，也很有才華，因此很重視鎌足的意見，只要是他的想法，他們都予以充分的肯定和支持。

輕皇子對鎌足非常禮遇，在他的府上，有專門迎接鎌足到訪的房間，裡面裝飾精緻，其他人不得使用。他的一位姬妾仗著自己得寵，說：「鎌足不過是一個臣子，您這樣對他，難道不是辜負了自己的身分？」輕皇子馬上呵斥了她，要她向鎌足道歉。

儘管受到輕皇子這樣的重視，鎌足還是認為中大兄皇子在各方面更勝一籌，因此更願意輔佐後者。實際上，輕皇子給鎌足的厚待更多是形式上的東西，而中大兄皇子卻能和鎌足心靈相通。二人之間形成一種奇特的羈絆，不需多言，就能瞭解對方心中所想，所以他們成為了莫逆之交。對於鎌足的話，中大兄皇子也是言聽計從。

在討伐蘇我氏之前，鎌足對中大兄皇子建議：「蘇我石川麻呂和蘇我蝦夷長期不和。石川麻呂正想找一個靠山。現在您若是能迎娶他的女兒，就可以將他拉入我們的陣營，從內部瓦解蘇我氏。這樣既能削弱對方，又能增強我們的力量，而且不費一兵一卒。」

中大兄皇子馬上照辦，果然將蘇我石川麻呂拉入自己麾下。

在這之後，鎌足等人在皇極天皇的宴會上刺殺蘇我入鹿，然後派人遊說蘇我氏同盟，讓他們不戰而退，最終逼迫蘇我蝦夷自殺身亡。

這就是著名的乙巳之變。蘇我氏一手遮天的灰晦暗時代一去不復返了。

除掉蘇我氏後，皇極天皇想讓位給中大兄皇子。出於種種考量，鎌足建議先由輕皇子即位。中大兄皇子馬上接受了他的建議，於是輕皇子即位成為孝德天皇。

從此，以中大兄皇子為首，開始了大化改新，對國家進行全面的改革。鎌足做為中大兄皇子最信任的臣子，始終處於政治的中樞位置。他積極參考唐制，提出了經濟和政治方面的重要建議，開始推廣均田制，確立了嚴格的身分制，設立了兵役制等，讓日本社會脫胎換骨。日本經由了大化改新，才由一個落後的奴隸社會跨入封建社會。其中，鎌足功不可沒，可以說他才是這場大化改新的真正推動者。

在這之後，鎌足受封大錦冠，後升至大紫冠，臨終前天智天皇（即從前的中大兄皇子）親自前來探望並授予他大織冠。「大織冠」的地位相當於王侯。事實上，「大織冠」在日本歷史上只授予了鎌足一人，可見他的功績非凡。不只如此，天智天皇還任命他為內大臣，並賜姓藤原。鎌足一生都是天皇的左膀右臂，死時終於獲得了大臣的地位。

鎌足死後，骨灰被移到了多武峰，這裡是他曾經闡述大化改新思想的地方。在這裡，人們建立了十三層塔的談山神社供奉他，還建立了祠堂。

據說到了後世，每當日本要出現意外的時候，埋葬著鎌足的多武峰就一定會發出鳴響，聖靈院中安放的鎌足的尊像則會發出龜裂的細紋，給世間做出警示。一旦意外結束或者得到解決，那些龜裂的細紋又會自動癒合，不留下半點痕跡。

藤原鐮足一生除佞臣、促改革，為日本社會做出了突出的貢獻。在民眾的心中，這樣的「好官」自然就是他們心中的神，即使死後也會一直照耀著他們，眷顧著他們。而做為藤原氏的始祖，他的後人們更是對他不斷祭拜，祈求庇佑。

小知識　推古天皇

在本故事最初，我們提到了推古天皇。推古天皇原名炊屋姬，是日本第一位女皇。她原是敏達天皇的皇后。敏達天皇死後，蘇我馬子幫助崇峻天皇奪取皇位。五年後，崇峻天皇被蘇我馬子殺害，炊屋姬開始正式登上皇位，稱為推古女皇。

她也是第一個正式使用「天皇」稱號的日本君主，同時是東亞第一位女性君主。她不僅相貌出眾，丰姿奪人，而且十分具有政治頭腦。她在位期間，推行一系列政治改革，也就是所謂的推古朝改革。她還派人去隋唐學習。這一切為鐮足等人進行的大化改新發揮了重要的舖墊作用。

告密武士——源滿仲

源滿仲的父親源經基是位大功臣，曾經鎮壓了著名的平將門叛亂，是清和源氏的始祖，是平安時代的著名將領，同時也是一位著名的武士。他將自己的整個家族變成了一個武士的家族，受到王公們的器重和信任。

源滿仲歷經了村上、冷泉、圓融、花山四朝，都受到了重用。他有勇有謀，最出色的表現是在安和之變中的那場告密。

當時橘繁延、藤原千晴、僧連茂等人策劃了一場謀反，準備廢掉當時的皇太子守平親王，擁立平親王。源滿仲提前知道了這場陰謀，將他們的謀反行為向天皇密告：「天皇陛下，橘繁延、藤原千晴、僧連茂等人不滿您將守平親王立為太子，妄圖扶持他們效忠的平親王為太子。他們還想讓我一起參與這樣的陰謀。可是，臣只敢對天皇一人忠心，怎敢參與這樣大逆不道的事情。臣只有先來向天皇稟報，懇請陛下剿滅這些亂臣賊子，以匡正天下。」

當時的冷泉天皇大驚，但是並沒有馬上相信，他問：「你父親源經基就是平復叛亂的功臣，你是他的的兒子，身上自然流著忠臣的血。可是，憑他們區區幾個人，就敢圖謀這樣的大事，這怎麼可能？」

源滿仲吞吞吐吐地說：「他們似乎信心滿滿，來和臣說此事的時候，十分自信。似乎說到朝中有重臣會支持他們……可是，他們很警覺，臣問起那重臣的身分時，他們卻顧左右而言他，沒有再透露了。」

天皇考慮到朝中的情形，突然一個人的身影閃進他的腦海。他看著源滿仲，眼前的這個臣子並沒有站在朝中哪一派，因此沒有誣陷此人的必要。

天皇想到的是左大臣源高明。他是醍醐天皇之子，源高明在朝中很有威望，很多官員對他唯馬首是瞻。

天皇經過一番思索，決定好好查辦。事實證明，這幾人果然想廢掉太子守平親王，另立平親王，背後支援他們的正是自己極為信任的左大臣源高明！於是，左大臣等人馬上付出了慘重的代價。

這就是日本歷史上著名的安和之變。

那麼，源高明等人是否真的謀反了呢？實際上，這可算是日本歷史上最大的冤案。

源高明等人並沒有廢除守平親王

源滿仲

而另立平親王的意思。這一切都是右大臣藤原師尹一手謀劃的。他已經佈好了一個局，卻差一個人做告密者，經過考慮他將目光鎖定在了源滿仲身上。

源滿仲身分不高，且並沒有明顯偏向哪一派。並且他有智謀，有野心，是藤原師尹的首選。他對源滿仲說：「你身分不高，在朝中並不顯眼，且並沒有明顯偏向於哪一派。由你拉開這個事件的序幕最合適不過了。而且，你很聰明，絕對不會露出馬腳。最重要的是，你是個有野心的人，有野心的心都願意去賭。只要這次賭贏了，你就前途無量了。」

源滿仲卻笑著說：「大人的意思是，這場賭局站在您這邊的人一定會贏嗎？可是，我卻覺得整個計謀還有不完美的地方。」他把藤原的疏漏一一指出，並提出了自己的見解。

藤原師尹大吃一驚。他原本只是想把源滿仲當作一個開局的棋子，沒想到這個棋子居然將整個局勢看得很清晰，還很有思想。他馬上對源滿仲另眼相待，兩人一起詳細地重新制訂了計畫。

這件事情，對左大臣來說是一場陰謀，對右大臣來說是一次進攻，對源滿仲來說卻是一場博弈。他看到了這場博弈帶給自己的機遇。他決定賭上自己的性命和家族的榮耀，放手一搏。

果然，左大臣源高明被天皇認定為謀反，右大臣藤原師尹趁機奪走了更多實權，源滿仲也不斷升官，成為攝津守和越後守，變成了新興貴族，並成為朝中的中流砥柱。同時，源高明一族與藤原師尹一族加深了聯繫，奠定了清和源氏後世的地位。

以此為契機，源滿仲可謂是揚名立萬，收穫頗豐。而他殘虐的性格也日益暴露。他喜愛打獵，每次到達原野之中都肆意馳騁，對身邊的人說：「把能看到的動物全都給我射掉！一隻都不要留！殺最多的人我有賞！」

不僅僅對動物，對人也是一樣，他說：「人應該追求力量與地位，弱小的人就和螞蟻一樣，會被強大的人隨便殺掉。」並且，如果有人惹了他，他就會不遺餘力地剷除對方。甚至有的人並沒有惹他，他只看一眼就說：「這個人我看著不順眼，真是太討厭了，想到和這個人一起生活在這個世界上就覺得難受。我得殺了他，這樣我生活的世界才會完美。」

當時有一位高僧，叫做惠心，是源滿仲的好友。惠心見他這樣子，非常擔心他走上邪路，對他進行勸解。源滿仲思索良久，想到自己這一生所做的事，尤其是最引以為傲的告密事件，雖然讓自己一族身分抬高，享受了榮華富貴，卻讓那些被誣陷的人死的死，傷的傷，流放的流放，受盡了折磨。他本來就很有慧根，聽了惠心的話，頓時領悟，當下將族中的事務交給兒子，自己則出家了，並建立了多田院，專心修研佛法，為之前的罪孽進行懺悔。

源滿仲死後，人們在攝津國多田莊的多田院中建立了一座廟來祭拜他。之後，他的後代足利尊氏認為多田院就是源氏的始祖之廟，並虔誠拜祭，多次祈禱請源滿仲保佑自己戰鬥勝利。他還將這座寺廟擴建，漸漸演變成了一座神社。

源滿仲曾經在自己的遺言中說，每當源氏出現危機時，多田院就會出現鳴動，以此進行警示。西元一四六七年之前，多田院開始鳴動，並應驗了應仁之亂。之後，多田院頻繁鳴動，果然足利尊氏不斷遇到危機，最終走向了衰落。

現在，源滿仲在神社中做為源氏的始祖和守護神被人祭拜。

小知識

鬼切和蜘蛛切

源滿仲曾經四處求尋寶刀，也命令刀匠多多冶煉，但是一直沒有得到稱心如意的好刀。後來，他找到一位冶刀高手，命他打造出令自己滿意的刀來，如果不能做到會殺死這位刀匠。刀匠憂心忡忡，向神明禱告了足足七天，才努力冶煉起來。果然，這次打造出的是兩把上好的寶刀。源滿仲用它們試斬死囚，其中一把殺死死囚後餘勢還切下那人的鬍鬚，另一把殺死死囚後餘勢還切下那人的雙膝。於是，兩把刀被命名為鬚切和膝丸。傳說鬚切後來斬下了茨木童子的手腕，而膝丸則在主人生病期間殺死來害主人的蜘蛛精。所以這兩把刀又叫鬼切和蜘蛛切。

一心成神——豐臣秀吉

豐臣秀吉是一位農民的兒子，原本叫日吉丸，他追隨織田信長成為武士後，改名叫木下藤吉郎。豐臣秀吉憑藉著自己的努力，不斷得到織田信長的提拔，經過了桶狹間合戰之後，他在信長的授意下迎娶了淺野長勝的養女寧寧，對他日後影響深遠。

之後，豐臣秀吉先後為織田信長完成了修築墨俣城、招撫美濃三人眾等重要任務。他在著名的金崎殿後、攻擊松永久秀、誅殺背叛信長的別所長治及荒木村重、與毛利氏及山名氏交戰的過程中，都有不俗戰績，接連獲勝，為織田信長立下了汗馬功勞。

這期間，他又改名為木下秀吉、羽柴秀吉。姓的變化代表著他的地位的上升。他先後成為了今濱城城主、播磨國國主等，勢力不斷擴大，躋身戰國豪傑之列。

緊接著，明智光秀發動了著名的本能寺之變，逼得織田信長自焚。豐臣秀吉召集了信長舊部，殺死了明智

豐臣秀吉

光秀，為信長報了仇。最終他統一了日本，也為自己創造了豐臣的姓氏，使之成為了源平藤橘之外的第五大姓氏，不過僅僅兩代豐臣氏就絕嗣了，因此未能開枝散葉。

豐臣秀吉晚年，日本天下太平，他竟然決定征服朝鮮、中國和印度。於是，他派出重兵攻打朝鮮，最終因為中國明朝的干預而撤兵。此次，一向善於用兵的豐臣秀吉使得日本損失重大。不過，兵敗時秀吉已經病逝於伏見城了。

豐臣秀吉一生戰功無數，到了晚年卻變得昏庸，發動了不切實際的對外侵略戰爭，給日本帶來了災難，更給朝鮮等地的人帶來了災難。不知道他在伏見城死去之前是什麼心情呢？

豐臣秀吉臨死前最後的願望是能夠成為神明。他感慨道：「我這一生，從卑微之處奮進到這樣的高位，乃至左右了整個日本前進的方向。可是，如今我也只能像露珠一樣無聲無息地消逝了。以前的種種，戰功也好，官位也好，現在想來，都是夢一場。」

之後，他嘆息說：「正因為如此，豐臣秀吉這個人就要隨著自身的消逝馬上被人們遺忘了吧？唯有這個，我不能接受啊！我希望我死後，能夠獲得神位，被供奉在寺廟裡。這樣，我就會獲得永恆的生命，永遠不會被人們忘記了。」

當時，並沒有人被封為神進入神社的先例。但是豐臣秀吉的主公織田信長有自封為神的事蹟，因此豐臣秀吉的願望也算合理。

當時的吉田神道確立了人死後可以做為神來進行祭祀的說法，並介紹了具體方法。吉田家也在豐臣秀吉成神的過程中貢獻了重要力量。豐臣秀吉或許想在任何角度上都追上織田信長，即使在「成神」的問題上也不例外。

總之，豐臣秀吉在伏見城死去，然後他的兒子開始組織修建鎮守社。當時日軍還在侵略朝鮮，遇到了堅決的抵抗，損失慘烈。而中國明朝已經出面干預，讓日本陷入了十分被動的境地。明朝朝廷提出讓日本撤兵的條件，日本當時的權臣將豐臣秀吉的死訊隱瞞了起來，這樣做一是為了在談判中獲得一定程度的主動權，二是為了不讓朝鮮和中國知道日本此時已經群龍無首，避免陷入夾擊甚至本土被進攻的危險境地。因此，除了有限的人之外，許多朝臣和民眾都被蒙在鼓裡。一直到第二年，關於豐臣秀吉死去的消息才公開，並且公布了具體的時間和一些細節。所以一開始外人根本不知道豐臣家修建神社的目的。

真相大白在之後，謎底被揭曉，豐臣秀吉的願望也來到了人們眼前。日本朝廷無法拒絕豐臣家的請求，於是決議將豐臣秀吉封為神，儘管他們並不想這樣做。

豐臣秀吉生前希望自己被當作八幡神來祭祀。這個想法其實是對皇族的大不敬，因為八幡神也稱作八幡大菩薩，一般八幡神社中供奉的是應神天皇、比賣神、神功皇后這三位神。當然，有些時候，八幡神也供奉源氏的保護神，也就是鎌倉武神。由此可以看出，成神不僅僅是豐臣秀吉對織田信長的追趕，更是要在死後提升自己的地位，將自己與皇族，至少也要和四大姓氏之首的源氏提高到同樣的地位。

當時負責這一事宜的是吉田家。考慮到種種情況，最終他們建議朝廷將豐臣秀吉封為了「豐國大明神」。這樣既滿足了豐臣家的請求，實現了豐臣秀吉的願望，也不會對皇族或源氏造成影響，引起不滿。就這樣，豐臣秀吉的遺願終於成真，他成為了人們祭祀的神。

當時所有的祭祀儀式都由吉田家來主持，管理者也是吉田家的當家，因此吉田家大大擴大了自家的勢力。

豐國神社在豐臣家滅亡後，一度被朝廷毀壞，直到明治時期，才重新建立。豐臣秀吉之後，也有很多人死後以神的身分住進神社。

小知識

寧寧

寧寧是豐臣秀吉的妻子，是一位聰慧能幹的女性。她由織田信長做主嫁給了當時地位很低的豐臣秀吉。可是豐臣秀吉喜歡拈花惹草，風流成性，織田信長便寫信安慰她，還開玩笑地給豐臣秀吉取外號叫「猴子」。不過，豐臣秀吉得勢後沒有忘記她，在眾多妻妾中肯定她「第一夫人」的地位。不過，她卻始終沒有子嗣，只能在秀吉死後看著寵妾茶茶的兒子繼承了父位，自己則落髮為尼。

寧寧一直被視為豐臣家武斷派的精神領袖，她有能洞察時局、做出最優判斷的能力。豐臣秀吉死後，德川家康進犯時，她知道此時的豐臣家敵不過，於是勸茶茶向家康稱臣，但是茶茶不肯，最後和兒子一起自焚於城中，豐臣這個姓氏的歷史也就此告終。

神的權威——德川家康

德川家康是繼織田信長、豐臣秀吉後的又一傳奇人物。他一生經歷了無數的坎坷，展示出了驚人的才華，甚至將天皇的權力架空。

德川家康本名是松平竹千代，是一個弱小豪族的後代。幼時，他的父親廣忠在當時的兩大勢力——織田信秀和今川義元之間左右為難。為了求得發展，他必須選擇一方依靠，最終他選擇了後者。而家康的母家水野家卻與織田信秀結盟。今川義元非常生氣，對廣忠說：「我和織田家勢不兩立！你既然選擇站在我這邊，就不能和織田家的人往來。你必須與水野家完全斷絕關係！」於是，廣忠不得不與妻子離婚，因此家康幼年時就與母親分離了。

隨後，今川義元要求廣忠抵抗前來進犯的織田信秀，因此，需要把年幼的家康送到靜岡寺做人質。誰知松平家一貫的盟友卻將家康到靜岡寺做人質的詳細路線

德川家康

通報了織田信秀。家康被在半路劫走，家臣們因為護主不力而切腹謝罪。

但是，廣忠卻沒有因為兒子被劫走而動搖，繼續效忠今川義元並抵抗織田信秀。於是，織田家準備殺了家康，他的母親聽說了這件事情，哭著請求：「我的母家今野家一心一意地為了織田家，為此我還和前夫離婚，丟下了這孩子，無論如何不要殺死這孩子。」於是，家康得以免死，留在母親改嫁後的久松家，成了織田家的人質。

後來廣忠被自己的家臣殺死。今川義元在和織田家的戰爭中佔了上風，將新秀的兒子信廣抓獲，提出交換人質。當時織田家家中不穩，於是決定先平定家中的騷亂，再與今川家爭鬥，同意了這一方案。年幼的家康被送回，由和尚太原雪齋照顧。雪齋是一個奇人，上知天文下知地理，琴棋書畫無不通曉，軍事謀略運籌帷幄，更有三寸不爛之舌，是個外交大家。在雪齋和尚的教育下，家康成長了許多。

今川義元讓家康先後改名為松平次郎三郎元信、松平藏人佐元康，然後娶了關口親永的女兒。今川家為家康做這麼多是有自己的考量的。今川義元說過：「廣忠一直為今川家效命，如今廣忠死去，如果是其他人繼承，難保他有二心。可是，要是由廣忠的兒子來繼承，又由今川家的人親自教育，勢必是又一個忠於今川家的松平家主。」

後來，今川義元死去，其子氏真成為今川家主，可是，氏真非常無能。那時的家康幾次三番請求出兵打擊織田家，為義元報仇，都沒有得到理會。在家康陷入困境的時候，氏真也絲毫沒有要援助的意思。今川家逐漸走向了衰敗。

於是，在織田信長表達出和解的意思之後，家康考慮到當時松平家的實力，無奈答應了。他在織田家做人質時期，與信長的關係很好，很清楚信長的才能。因此，這場和解也是一場人生的賭注。

緊接著，家康又改了名字，從松平元康改為松平家康。他平定了自己領地中的內亂，鞏固了勢力，隨後開始了摧毀今川家的計畫。在不斷取得勝利後，家康瞄準了征夷大將軍的位置，將姓氏改為德川，號稱是源氏的一支（其實是藤原氏）。

在那之後，德川家康不斷征戰，經歷了重大的勝利和幾乎想要切腹的種種戰爭之後，家康終於在戰亂年代獲得了一席之地。

織田信長本來雄心勃勃。可是就在他馬上能統一日本的時候，明智光秀發動本能寺之變，逼得信長自焚。隨後各方又開始了權力的爭奪。德川家康本來準備以替信長復仇的名義打擊明智光秀，但是豐臣秀吉搶先了，家康於是著眼於開拓新的領地和發展經濟。之後，他以保護信長之子的名義與豐臣秀吉對抗。隨著信長之子向秀吉投降，家康也進行了議和，並臣服於豐臣秀吉。

豐臣秀吉派兵侵略朝鮮期間，特別命令家康：「你不用參戰，只負責清理日本不服從於我的殘黨。」這給了德川家康休養生息、擴充自己的機會。

豐臣秀吉死後，德川家康逐漸暴露了自己圖謀整個日本的野心，他實行的種種措施引起了不少的不滿。儘管如此，家康還是逐漸消滅了各個諸侯，最終實現了日本的統一。他還建立了幕府制度，開始將天皇完全架空。

不過，他依舊不可凌駕在天皇之上，因為天皇千年來一直延續，日本民眾已經從心底接受了皇族的延續，德川家康不能自立為天皇，那樣會被天下征伐。而且他的一切官職名義上都是天皇冊封的，如果反對天皇就意味著反對天皇冊封的自己。但是他又必須再次加強自己的地位，於是，他想到了藉助天皇「神」的外衣，給自己也加上神的色彩。

德川家康

家康臨死前，留下遺言，要把自己當作神來供奉。之前也有豐臣秀吉死後成神的先例，因此很快就順利實行了。不過，不是像豐臣秀吉那樣死後再封神，而是在死時，就直接按照祭祀神的禮儀來執行。

家康的心願是按照山王神道在久能山下葬，一年後遷往日光。可是他死後，崇傳等人準備利用吉田神道，這種違背家康心願的行為，使得家康的朋友天海和尚很不滿意，他與崇傳進行了多次的爭論，最終天海和尚取得勝利。朝廷給了家康「東照大權現」的封號，建立了東照宮。家康的孫子家光和天海一起，建立了豪華的日光東照宮，以此來表達對家康的崇敬。在整個江戶時代，家康都被稱為東照神君，日本各地的東照宮達到了五百多座。

明治維新期間，由於要廢棄佛教，而日光東照宮與輪王寺混在一起，難免遭到了破壞。此時，權力雖然回到了天皇手中，但是幕府舊臣依舊將東照宮視為精神支柱，於是，日光東照宮中只有一些物品被搬離，未遭到實際破壞。

小知識　幕府

德川家康在地位上僅次於天皇，但是實權全部都在他的手中。他成為「征夷大將軍」後建立了德川幕府，直到明治維新，幕府的力量才被打敗，天皇重新獲得了政權。

幕府在日本由來已久，並不是德川家康創造的。最早的幕府可以追溯到平安時代末期，那時候源賴朝在鐮倉建立了幕府。其後又有了室町幕府和明智幕府，最後有了德川幕府。幕府時期天皇的權力被完全架空，成為傀儡，這也為後來日本的君主立憲制打下了一定基礎。

死諫義士——佐倉宗吾

佐倉宗吾，又叫木內惣五郎，曾居住在現在日本的千葉縣佐倉市，是當地公津村的村長。當時佐倉地區的藩主是堀田正信，他訂下的課稅十分苛刻。堀田正信的父親一直追隨德川家光，在家光死時自己也殉葬。因此，堀田正信這一代仍然和德川家有著親密的關係，這也是他敢在領地內任意妄為的一大原因。

但是這樣重的負擔，領地內的人們根本承受不起。他們聯名請願，希望能降低地租，減少課稅，但是堀田家完全充耳不聞。

佐倉宗吾

佐倉宗吾看到這樣的情況，非常著急，他知道再這樣下去，不知道有多少人會被這樣苛刻的租稅害死。他和妻子商量說：「我決定直接去找將軍，在他出行的時候從路上攔住他，訴說我們這裡的情況，請他為我們做主，妳看怎麼樣？」

妻子大驚失色說：「那樣做是犯法的，我們全族都會被誅殺的呀！」

佐倉宗吾回答：「管不了那麼多了！再這樣下去，不只是我們，所有人都會死的。要是我們死了，大家都能獲救的話，那也是值得的！」

妻子卻為難地說：「可是，要是我們死了大家也不能獲救怎麼辦呢？」

佐倉宗吾堅定地回答：「我已經決定了！不管怎麼說，一定要試試！」

於是，他打聽到了當時的將軍德川家綱去寬永寺參拜的消息，在將軍一行人必經之路的橋下藏好，等到隊伍經過的時候，他就攔在將軍面前，遞上了請願書。

「將軍大人，我是佐倉宗吾。我知道自己這樣做犯了死罪，但是只有這樣才能見到您，只要您聽完我下面說的話，您要怎樣處置我都行。」

「你寧死也要說這些話嗎？是為了什麼呢？」

「為了讓村民們不再受到堀田氏的壓迫。」

將軍聽完了他的全部控訴，留下了請願書，可是他並沒有把這件事放在心上，只是笑笑說：「堀田家對我們德川家忠心耿耿，這就足夠了。領地已經交給他們管理，要怎麼做是他們的事情，我不會因為一個人的幾句話就處死我的忠臣。不過，律法還是要執行的。」

因此，將軍並沒有懲治領主堀田正信，而是將佐倉宗吾一家全部處死了，佐倉家的家產也被沒收。他們處刑的時候被綁在木樁上，然後用長槍刺死，整個過程完全公開，似乎在警示人們，不可以僭越身分，否則就是這種下場。但是，佐倉宗吾臨死前毫不屈服，依舊向圍觀的人們大聲控訴堀田氏的罪行。可惜的是，佐倉宗吾以死相諫，賠上了一家的性命，卻沒有收到任何效果。

堀田正信雖然被將軍偏袒，但是隨後就變得瘋瘋癲癲。幾年之後，他因為批判幕府的罪名，領地被沒收，但是不久後他的罪名被減輕了。德川家綱死後，堀田正信也像父親追隨德川家光那樣，自殺了。當地的人們都說，堀田正信是因為佐倉宗吾作祟才會變得瘋癲，精神混亂，這是佐倉宗吾死後給堀田正信的懲罰，也是他要實現解救當地民眾的承諾。

後來，佐倉地區仍然是堀田家的領地，領主是堀田正亮。他時常能看到佐倉宗吾的幽魂，看到他被綁在木樁上，被長槍刺得血光四濺的場景。他還會聽到佐倉宗吾的怒吼，控訴堀田家對民眾的剝削。堀田正亮認為，如果自己不理會這個幽魂，那麼他還會繼續作祟，自己也會像叔叔正信一樣受到懲罰。於是，堀田正亮決定想辦法與佐倉宗吾進行和解。到了佐倉宗吾死去一百年的忌日，堀田正亮舉行了一個盛大的紀念活動，並且建造了神社，祭祀佐倉宗吾。因為堀田家的家主祭拜佐倉宗吾，承認他為民請願的功績，當地的人們也紛紛前來祭拜，感謝他犧牲自己成全大家的做為和精神。

佐倉宗吾不僅生前為民請願，死後還繼續完成自己未完的使命。他無疑是弱勢群體的唯一依靠，因此民眾們馬上就將他視為神了。前來參拜佐倉宗吾的人越來越多，使得神社的規模也越來越大。明治時期，日本人開始有了民權意識，佐倉宗吾則被視為維護民權的先驅人物，更是受到人們的尊敬和推崇。

小知識　德川家綱

德川家綱是德川幕府的第四代將軍。他是德川家光的次男，天生身體虛弱，繼承將軍的位子時年僅十歲，幸好有幾位老臣的輔佐，一切才能順利進行。他將幕府的機構進一步完善，同時採用了文治的政策，不過除此之外，並沒有太大的功績。他四十歲就因病去世了，在死前重病時期，權力被酒井忠清掌握，使得幕府開始衰微。

臥底女僕——阿菊

在日本，曾有一個城主，叫做小寺城職，他有許多家臣，最忠心的一個是衣笠元信。

有一天，衣笠元信得到消息：另一個家臣——青山鐵山近來招兵買馬，似乎要有大動作。青山鐵山為人陰險狡詐，表面上對城主信誓旦旦，私底下總想著自己坐上城主的位置，可是一直苦於沒有機會。衣笠元信敏感地感覺到，這次青山鐵山可能要對城主不利。

忠誠的衣笠元信非常生氣，發誓要殺掉這個不忠不義的叛徒。這時候，他最寵愛的一個侍妾阿菊說話了：「大人，您對城主的忠心日月可鑑，但是萬萬不能莽撞。青山鐵山雖然準備謀反，可是我們卻沒有證據，就這樣派兵聲討他，反而會被他反咬一口，落人口舌。與其貿然行動，不如先搜集到足夠的證據，到時候再動手也不遲。」

衣笠元信沒想到這個平時輕聲細語的女人還很有主見，他沉默了一會兒，問：「話是這樣說，可是，要怎樣才能收集到證據呢？」

阿菊自告奮勇說：「如果您信得過我，就讓我來為您分憂吧！我聽說青山家在招聘女僕。我本來就出身貧寒，對家務活很擅長，可以趁機潛入他的家中，暗自搜集一些證據，然後偷偷給您傳信。這樣，我們裡應外合，一定能剷除青山這個叛徒。」

衣笠元信聽了阿菊的計策，感到很為難。他不願意讓阿菊去冒險，更何況還是在那個陰險的青山家中。可是，除此之外，一時又沒有更好的辦法。

看到了衣笠元信的猶豫，阿菊又說：「您放心吧！區區一個女僕，青山家是不會放在心上的。我自己也會小心。要是能為守護城主貢獻一份力量，無論如何都值得一試。」

於是，阿菊到青山家應徵。她憑藉自己美麗的容貌、俐落的手腳和溫順的性格，順利得到了工作，潛入到了青山家中，和其他僕人們打成一片，從他們口中打探青山鐵山的情報。

終於，有一天，青山鐵山的貼身僕人忍不住抱怨：「唉，又挨罵了，老爺最近脾氣不好。」

阿菊問：「怎麼回事？」

「老爺準備在賞花節那天刺殺城主，所以……」說完，那僕人感到自己說漏了嘴，連忙住口了。

阿菊表面不動聲色，卻趁人不備，趕緊給衣笠元信傳信過去。

衣笠元信馬上開始做準備。果然，到了賞花節那天，青山鐵山拿著一杯毒酒遞給城主小寺則職，說：「城主大人，這杯是我特意為您準備的酒，請一定要喝呀！」

衣笠元信上前奪走酒杯扔到一旁，拔刀向青山砍去，兩人當場廝殺起來。漸漸的，衣笠元信招架不住了，連忙示意埋伏的家將們動手。可是，青山早已經集結了更多的勢力，就等在賞花節這天把城主一擊斃命。在二人廝殺的時候，青山鐵山的手下解決掉了衣笠元信埋伏的家將。

衣笠元信戰敗，自己的勢力也被青山消滅。慌亂之中，他只能帶領剩下的人先保護城主離開，一直逃到了瀨戶內海的家島上，才甩掉了追兵。青山鐵山則馬上當了城主。

阿菊本來在等衣笠元信勝利的消息，準備重新回到自己家中。可是，她等到的卻是衣笠元信和城主一起潰敗逃跑了。她又驚又怒，無奈之下，只能暫時隱忍，繼續在青山家中做女僕。

青山家有個家臣叫彈四郎，他見阿菊最近總是坐立不安，就過去詢問：「妳最近很奇怪啊！好像在擔心什麼。是不是有什麼不可告人的祕密？不會是偷了東西吧？嘿嘿，妳只要從了我，我就不告訴別人。」

阿菊知道這個彈四郎早就垂涎自己的美色，馬上嚴詞拒絕：「我並沒有偷東西，下次要是說這樣的話請拿出證據來。我絕對不會委身於你的。」

彈四郎碰了釘子，心中記恨，發誓一定要報復阿菊。於是，他偷出青山家十大寶盤中的一個，然後栽贓給阿菊，並且買通了其他僕人做證人。

青山聽說了這件事情十分生氣，馬上命令彈四郎處置阿菊，並找回失去的盤子。彈四郎得到報復的機會，就把阿菊綁在一棵大樹上用力抽打，要她親口承認自己偷了寶盤。可是阿菊不肯屈服，彈四郎竟然就這樣將阿菊活活打死。事後，他把阿菊的屍體扔到了一口枯井裡，回去稟報說阿菊趁自己不備，畏罪潛逃了。

從此之後，人們總是在那枯井裡聽到一個淒涼的聲音在數盤子：「一個，兩個，三個……九個。奇怪，怎麼會少一個盤子呢？還我的盤子啊……」

後來，衣笠元信聯合了仍然支持城主小寺則職的勢力，打敗了青山鐵山，讓小寺重新坐上了城主的位置。為了感謝和哀悼可憐的阿菊，他命令將阿菊的靈牌供奉起來，這就是現在的「阿菊神社」。

衣笠元信是個忠義的人。而阿菊則更加有勇有謀，為了丈夫到敵人家中當臥底，最終賠上了自己的性命，成為怨魂，在人間遊蕩。不論是她對丈夫的情誼還是獨自到敵營的膽量，都是女子中的典範。

小知識

數盤子的怨魂

據說，阿菊死後無法升天成佛，靈魂一直困在井中，井裡經常能夠聽到她淒涼哀怨的聲音：「一個，兩個，三個……九個。咦？怎麼會少了一個呢？真恨啊……」然後，女鬼就出現了，展示自己悽慘的死狀，還有對遺失的那個盤子的執念。這個怨靈的故事也是人們為她建立神社的另一個原因。

數盤子的女鬼已經成為了日本著名的怪談之一，在日本各地流傳著各種版本，還多次被影視、文學作品進行改編。

忠義夥伴——小鷹綠丸

這裡說的小鷹綠丸並不是人類，小鷹不是姓氏，而確實是一隻鷹，綠丸是牠的名字。前面說的都是歷史上著名的人物，綠丸卻是歷史上的一隻獵鷹。為什麼一隻獵鷹會成為神明，在神社中受到人們的祭拜呢？這還要從牠的主人百合若說起。

嵯峨天皇時代，左大臣的兒子百合若是著名的武將。他有兩樣東西十分得意：一是他的弓箭，他十分擅長製造硬弓，更善於使用弓箭，並因此屢建奇功；二是他養的鷹，名叫綠丸，乖巧聰敏，很通人性，在幾次戰鬥中都對他有很大的幫助。

這一次，天皇又派給百合若一個重任，掃平當時西九州猖獗的海盜。百合若特意製作了一張巨型的弓箭，帶上綠丸，率領部眾，浩浩蕩蕩地開往西九州。百合若充分發揮自己的指揮才能，士兵們也驍勇善戰。尤其是別府的貞澄與貞貫兄弟，做為他的副將，表現出色。很快，西九州的海盜就被平定了。

勝利來得比預想中的更加迅速和容易，讓百合若和部眾都十分欣喜。於是，在大軍回返前夕，百合若命大軍在系島半島附近的玄界島進行慶祝。玄界島風景優美，鳥語花香，讓酒宴與歌舞更加令人陶醉。可是，百合若在享受勝利的時候，並沒有發現厄運的降臨。

在戰爭中，百合若肩膀上受了箭傷，但他卻不以為意，趁著勝利的喜悅，喝了很多酒，很快就神志不清了。貞澄和貞貫見到百合若喝醉，頓時起了歹念。他們悄悄將喝醉的百合若藏到了一個隱密的地方。過了一段時間，他們一副驚慌失措的樣子，來到部眾面前，聲淚俱下地說百合若因為飲酒過度使得箭傷急速惡化，已經離開人世。臨去世前，百合若交代他們把屍體留在這個美麗且充滿勝利的回憶的地方，並讓他們兩個將大軍帶回京城。

士兵們都十分疑惑，一來這事情發生得太突然，二來也沒有見到百合若的屍體，有士兵提出疑問。

「什麼？你竟敢質疑我們？是在說我們撒謊嗎？」貞澄與貞貫擺出悲憤和兇狠的態度，於是士兵們只好嚥下疑問。

就這樣，大軍跟隨兩兄弟回到了京城。兩兄弟順利取代了百合若，並領取了本屬於他的獎勵，暗自十分得意，自以為瞞天過海，天衣無縫。可是，這一切，並沒有逃過綠丸的眼睛。

綠丸跟隨大軍一起回到京城，和百合若的遺物一起回到他京城的家中。綠丸急切地繞著百合若的妻子飛來飛去，嘴裡發出叫聲。可是，百合若的妻子並不明白牠要說什麼，只說：「綠丸，綠丸，你失去了主人，和我一樣傷心吧？」

綠丸十分著急，可是沒有一個人能向百合若那樣聽懂牠的意思。現在，只有牠知道自己的主人還沒有死，卻無法通知別人去救他，不禁十分哀傷。

這時候，百合若的妻子拿食物擺到牠面前，說：「綠丸，你聽我說，你的主人一定不願見到你如此悲傷。你是他的驕傲，一定要好好吃東西，才能好好活下去。」

綠丸聽了，果然叼起一大塊食物，卻不吃下，而是馬上飛走了。

原來，百合若的妻子提醒了牠：只有好好吃飯，才能活下去，而主人所在之處卻沒有食物！

就這樣，綠丸飛了三天三夜，終於到了百合若所在的小島上。這時候，百合若剛剛醒來，發現身邊空無一人，自己孤身被拋棄在荒涼偏僻的小島上，舊傷復發，又飢腸轆轆，十分憤慨又無奈。綠丸的到來，總算是為他解決了食物的問題。

吃飽之後，百合若咬破手指，找來一片十分寬大的葉子，寫下發生的一切，之後把血書綁在了綠丸的羽毛上。他輕輕撫摸著綠丸，說：「綠丸啊綠丸，你一定要把這封血書送到我妻子手中，讓她想辦法來救我。」

百合若的妻子看到丈夫的血書，又驚又喜，馬上明白了那兩兄弟的伎倆，於是把京城裡發生的一切寫在信上，並囑咐說自己會向天皇稟明一切，來救丈夫。她匆匆將這封信交給綠丸，讓牠帶給自己的丈夫。

綠丸一刻也不耽誤地繼續啟程。牠給百合若帶去書信和食物。可是，疲憊和飢餓的牠卻一口也捨不得吃，只惦記著在荒島上的主人。

百合若等了許久，也不見回信，在島上焦急地轉來轉去，卻意外地在海灘上發現了綠丸的屍體。

原來，綠丸體力過度透支，卻仍不肯停歇，也不吃帶給主人的食物，勉強支撐著飛到小島的海灘上，終於支撐不住，死去了。

百合若看到綠丸的屍體，悲痛欲絕，同時閱讀了妻子的信件，明白了一切前因後果，發誓一定要報仇。

正好這時候，一艘漁船因為遇到風浪，漂到小島附近。百合若向漁船上的人講明自己的遭遇，請求他們帶自己和綠丸的屍體回到京城。

回到京城後，百合若發現朝廷還不知道真相，自己需要一個揭露的時機。正好，朝廷在舉辦弓箭比賽，人人都可以參加。在貞澄、貞貫兄弟得意洋洋準備展示的時候，蓬頭垢面的百合若上去狠狠擊敗了他們。

「你是什麼人？」他們又驚又怒，「竟如此放肆！你要是不能將京城最大的弓箭拉滿，就砍了你的腦袋！」

百合若卻輕易就做到了。所有人都鼓掌叫好。

天皇更是十分欣賞，感嘆說：「從前能做到這樣的，只有百合若將軍了。你叫什麼名字，竟然有這樣的能力？」

「啟稟陛下，我就是百合若。」百合若立刻稟報了真相，終於奪回了屬於自己的一切，同時將作惡的兩兄弟流放到玄界島上，永遠不能離開那裡。

百合若抱著綠丸的屍體，流淚感謝牠為自己做的一切，並決定為牠建立一座神社進行祭拜，表示不忘記牠的忠義之舉。

小鷹神社正位於日本福岡縣的玄界島上。神社還供奉著當年百合若的妻子給他寫書信用的硯。忠義的綠丸也漸漸成為人們心中的鷹王山、鷹神明，時時在小島上翱翔，日夜守護著這座小島的安危。

日本號稱有八百萬神明，一花一草一鳥一獸皆可成神，被人們供奉在神廟之中。小鷹綠丸無

嵯峨天皇

疑就是其中的代表。而與其他由自然界衍生出來的神明不同，綠丸並不是人們臆想出來的神話傳說，而是確確實實在歷史上存在的，能夠上升到「神」更加不易。

在嵯峨天皇時代，已經有了武士階層的基礎，思想上也出現了「武士之道」、「弓矢之習」、「阪東武者之習」，即武士道的雛形。效忠與服從逐漸成為了主流思想。這種思想在日後形成了「武士道」，在日本文化中根深蒂固，影響深遠。綠丸正是寧可犧牲自己也要保護主人的典型代表，深刻符合日本人的忠君節義的思想。在這種思想日益深入人心的同時，綠丸的鷹神形象也就日益高大，流傳至今。

小知識 嵯峨天皇

嵯峨天皇名為神野，母家是當時最有權勢的家族藤原氏。他在位期間大力宣傳唐朝文化，從服飾、建築、生活方式、禮儀制度等多方面深入學習和模仿，促進了日本文化的進步。他本人很有才能，卻對權力並無興趣，反而在琴棋書畫、詩詞歌賦上都有很深造詣。他的書法可以和空海與橘逸勢齊名，並稱日本「天下三筆」。漢詩也做得很好，如「天邊孤月乘流疾，山裡飢猿到曉啼。」沒有君王家的架子，沒有在位者的豪語，只有一種悠然淡雅的韻味在其中。

第三章

神與人的奇妙姻緣

在日本神話中，神與人相戀的故事很多。當然，這裡的神並不是主要神明體系中的諸神，主要神明體系中，各位獨神已經無需戀愛了。伊邪那岐命和伊邪那美命是兄妹神相戀。日照大神是處子之身，她的孩子是在和弟弟打賭的時候用物品生的。速須佐之男的妻子雖然是地位低下的神的後裔，但也是神。大國主神雖然娶了數位妻子，但是無一不是神姬。那個時候出現的愛情，都是神與神的相戀（雖然彼此間地位有高低），原因很簡單，那是神的世界，人還沒有登上歷史舞臺。

日本神話中，沒有中國的「女媧造人」、希臘的「普羅米修士造人」、西方「上帝造人」等關於「人是如何來的」的思考。在《古事記》中，也是在神明系統之後直接描述傳說中的各位天皇，以及他們與神明之間的故事，一直到推古天皇結束。但是整個過程中都沒有對「人」的來源進行描述。那麼，理解成人就是神的後代也是可以的。這也是日本文化中感到十分自負的原因之一，「日本人是神的後裔」。同時，人和神又有著嚴格的界限。從第二章我們能看出來，人是不可以隨便成神的，多數人的地位是低下的。

在世界各地的神話中，都有神與人相戀的故事。日本神話中神與人相戀的故事，大概可以分為幾類：女神和男人的愛情、男神和女人的愛情、人化為神怪之後產生的愛情等。當然還有其他類型，但是所佔比例很小。其中比例最大的是女神和男人之間的愛情。

為什麼日本神話中女神和男人之間的故事最多，流傳最廣呢？

日本的神話傳說形成於父系社會。男人對心中最完美的女性有著憧憬。那麼，最完美的女性會是誰呢？那就是女神。男人把自己對於女性的所有美好特質——美麗、善良、溫柔、富有等等全部加諸女神身上。

而女神愛上的男人，往往是很普通的。在日本的神話中，女神愛上的往往是漁民、農夫等，靠捕魚或砍柴、種田維生，很貧窮但是很善良。這正是普通男性大眾的寫照。女神和普通男子發生美妙的愛情故事，正是男人們嚮往完美女性在神話中的表現。

女神對於男子的愛，往往是以「報恩」開始的。女神在遇到困難的時候，善良的男子並不知道她的身分卻救了她，於是女神深藏身分來到男子身邊進行報恩。這也隱藏著日本文化中對於「恩義」的理解。他們認為，當對方有恩於自己的時候，自己對對方進行報恩才是最高尚的，「報恩」甚至比「施恩」更加美好。那麼，女性報恩的方式是怎樣的呢？那就是下嫁於自己的恩人，對他忠貞不二。也因為如此，在男女雙方中，常常是女性比較直接和主動。

浦島太郎與龍宮公主

浦島太郎進入龍宮，與龍神乙姬相戀的故事，在日本廣為流傳。他們的故事也被諸多作品所借用。如著名的動漫《海賊王》中乙姬一角就來自於這個故事，《銀魂》中更有乙姬苦戀浦島太郎，卻年華老去，做出極端舉動的劇集。

那麼，這究竟是怎樣一個故事呢？

在很久以前，有一個漁民，叫做浦島太郎。他年輕英俊，樸實善良，但是因為家中貧窮，還沒有妻子，只是和自己的母親相依為命。他每天都認真去海上捕漁，回來就去市集上賣掉，以此供養母親。

浦島太郎

浦島太郎常常孤身一人在海上捕漁，不禁感到寂寞。有時候，他捕到了足夠多的魚，就一個人坐著小船對著海洋發呆，幻想著說：「這海原之國中的諸神都在水中生活著吧？祂們是什麼樣子呢？又過著怎樣的生活？傳說中的龍宮一定十分瑰麗吧？」

有一天，他又早早乘船來到海上捕漁。這天的天氣十分晴朗，令他心中愉悅。他暗暗想道：「今天一定能滿載而歸，賣出不少錢，給母親買藥。」

可是，一直到了中午，浦島太郎一條魚都沒捕上來。他眉頭緊蹙：「家中的母親還等著我賣魚賺錢買藥呢！海神啊海神，我不貪心能捕到很多魚，但是不能讓我一條魚都沒有啊！」彷彿是海神聽到了他的話似的，突然，他感到手中的網子沉了下去，看來是有魚兒來了！他馬上用力把網子拉上來，卻見到一隻巨大的烏龜。

他本來高興的神情馬上黯淡下來，看著烏龜，嘆道：「大烏龜啊大烏龜，我要你有什麼用呢？你年紀也這樣大了，我就放你回到海裡去吧！以後可別再被我抓住了！」說著，便將烏龜放進了海中。自己繼續捕漁了。

過了一會兒，網子又沉了下去。浦島太郎顧不上中午的炎熱，連忙將網子拉上來，仔細一看，哪有魚的影子？還是那隻大烏龜。浦島太郎無奈地拿起那隻烏龜，看著牠搖搖頭說：「你啊你啊，明知道這裡有人在撒網，都已經被抓住一次了，怎麼還不游遠一點呢？真不知道你是怎麼活到這麼大的啊！這次我還是要放你離開。你自己可千萬要小心，絕對不要再被抓住了啊！」說罷，便又將烏龜放走了。

空氣持續升溫，天氣更加熱了。但是浦島太郎繼續堅持著。很快，似乎有魚兒入網了。浦島太郎興奮地提起網子一看，簡直哭笑不得了，居然還是那隻烏龜。

這一次，他還未開口，烏龜居然眨眨眼睛說話了：「你好，年輕人，我是龍宮的使者，奉命出門辦事。起初你將我放生，我十分感激。所以第二次又來試你，你還是將我放走了。我家的主人也十分欽佩你，所以要我來，邀請你到我們龍宮做客。」

浦島太郎十分驚訝，卻推辭說：「把你放生，是我應該做的。這並不是什麼大事。你和你主人的好意，我已經心領，但我家裡還有老母親需要照顧，不能就這樣跟你去龍宮。」

烏龜說：「請你放心。你家中已經有人照料。你到龍宮接受了我們的謝意之後，想待多久就待多久，想隨時回來也可以的。」

浦島太郎想了想，便答應了。

於是烏龜打開水道，引浦島太郎進入海洋中。海水清澈美麗，成群結隊的魚兒游來游去，晶瑩豔麗的珊瑚在水中搖曳，發出迷人的光芒。婀娜的海花競相綻放，姹紫嫣紅。

浦島太郎馬上被迷住了，驚喜地說：「比我幻想中的美麗一萬倍！」

可是，這些都不算什麼。很快，他見到了一座恢宏的宮殿，進入宮殿能看到整塊玉做成的巨柱，珍珠舖成的地面，還有在王座上綻放著迷人笑容的女子。

女子開口說：「我就是這龍宮的主人，叫做乙姬。感謝你放了我的臣民，因此邀請你到我宮中做客。」

浦島太郎對乙姬一見傾心，乙姬也覺得這個年輕人心地善良，又相貌堂堂，很有好感。兩個人在一起過著神仙眷侶的生活。浦島太郎看盡了海底的美景，嚐遍了海中的美食，又一直有乙姬作伴，快樂不已。

直到有一天，他忽然想到了家中的母親，十分惦念，對乙姬說：「我在這裡雖然生活快樂，可是卻不知道家母如何了。我應該回去侍奉母親了，這樣才是孝道。」

乙姬聽了，傷心不已地說：「你要回去，也是應該的。可是，我們卻要就此分開了。」她拿出一個箱子，送給浦島太郎說：「這裡面是我送給你的寶物。但是，你絕對不可以打開它。要是你打開了它，那麼，這寶物就會無效了。」

浦島太郎答應了，他很快回到了陸地上。

自己在海中已經過了好幾年了吧？村子現在什麼樣了？母親的身體可好？我將這奇遇講給她聽，她一定會很高興的！

可是，他進入村子後卻完全認不出這個自己出生長大的地方了！這裡的房子已經不是原來的樣子，來往的人們自己一個都不認識。他憑著記憶，邊走邊打聽：「請問這村子裡是不是住著一個叫浦島太郎的人？」

那人回答：「是的。但是，我是聽我爺爺講起這個人的。他說，有一天這個人神祕消失了，聽說去了海底龍宮。是不是真的有這個人也不知道，都是傳說而已。」

浦島太郎驚訝極了，忽然明白，自己在龍宮中待了三年，但是在人間卻已經過了三百年了！村子變了，母親沒了，自己熟悉的人們也早都不見了！

浦島太郎難以接受這個事實。他忽然想起自己離開龍宮的時候，乙姬送給自己一件禮物——那個箱子。他打開箱子，一陣白煙冒出來，往裡一看，卻什麼都沒有。他正要把箱子扔了，卻發現自己怎麼也沒有力氣。他大吃一驚，發現自己的頭髮已經全白，口中沒了半顆牙齒，身上的皮膚乾癟褶皺，全身沒有一絲力氣，只勉強還站得住。乙姬的聲音從箱子中幽幽地傳來：「我的夫君啊，我將你的青春封鎖在這箱子中，這就是給你的寶物啊！你打開了它，青春也就一去不返了。」

浦東太郎恍然大悟，卻為時已晚。他顫顫巍巍地走到母親的墓前，死在了那裡。

浦島太郎與龍宮公主乙姬的故事，在日本流傳甚廣。其實，這個故事和中國傳說中的「爛柯人」有相似之處，都是主角從異境回來後，發現已經幾世過去，物是人非。浦島太郎最終因為好奇打開了箱子，失去了青春，不禁讓人想到了希臘神話中的潘朵拉魔盒。

浦島太郎與龍宮公主乙姬的愛情雖然在故事中只是一筆帶過，卻成為了日本人取之不盡的愛情素材。

小知識　爛柯人

傳說在西晉有個叫王質的人，一次上山打柴，來到了一個山洞口。他好奇地進入洞中，只見兩個小孩正在下圍棋。王質可是個棋迷，見兩位小孩棋藝精湛，於是駐足觀看。兩位小孩也不理他，邊下棋邊吃東西，有時也順手遞給王質吃一點。一局棋下完，那兩個小孩對王質說：「我們下完了，你也該回家了。」王質俯身撿斧子，想不到木質的斧柯（斧柄）已經完全腐爛了。王質回到村裡，發現村子大變樣，村裡人自己一個都不認識了，才發現已經過去了一百來年了。

五頭龍與辯才天女神

辯才天女神又叫弁財天女神，是七福神之一。五頭龍是一個妖怪，無惡不作，卻愛上了辯才天女神。那麼，這樣的愛情最終結果如何呢？

很早以前，在現今的日本鐮倉一帶，有一個巨大的湖泊。湖泊中生活著一條巨大的龍。牠有五個頭，每個頭都有一座大屋那樣大；每個頭上都有兩隻長長的犄角，還瞪著燈籠一樣的大眼睛；身體又粗又長，一直浸在水中，竟沒有人見過牠的身體到底有多長。

五頭龍神通廣大，但是性格十分暴躁。牠只要甩一甩五個大腦袋，用身體攪動湖泊，就會讓大水將村莊淹得一塌糊塗，農田和房屋無一倖免，常有村民死於突如其來的大水。

而最令人恐懼的，還是五頭龍的特殊嗜好，那就是生吞小孩。只要牠看到了小孩子，就有一個腦袋瞪紅雙眼，張開大嘴，仰頭吞下，其他的頭則在一旁歡呼雀躍。有一個名叫津村的村子，村長家的十六個兒子都是這樣成為五頭龍的腹中餐的。有小孩的人家，每天將孩子緊緊鎖在家中，孩子們連哭聲都不許出，生怕被牠發現。可是，附近的小孩子還是一個個被牠生吞。

村民們十分懼怕五頭龍，卻又無力和牠對抗，只好想了一個退讓的辦法。村民們派一個使者找五頭龍求和，向牠進貢，讓牠平息。

「您想要什麼樣的貢品都可以，只要您從此不再破壞村子和傷害村民。」村中的使者這樣說。

五頭龍晃了晃五個巨大的腦袋，回答說：

「我可以答應不再破壞村子和傷害村民，我要求村子中最年輕漂亮的女子做貢品。我要娶這個女孩為妻子，從此便不為難你們。」

雙方約定好了。使者回去後向村民們說明了五頭龍的要求，大家便挑選了一位女孩子，為將女孩子貢獻給五頭龍做準備。

被選中的女孩子哭泣不已，但是為了村中所有人的安全只有犧牲自己。在她要被送到五頭龍那的時候，天地間卻發生了異變。大霧忽然瀰漫起來，大地劇烈地震動著，大海呼嘯不已，海浪發出陣陣悲鳴。就這樣，過了整整十天，一切才慢慢平息了下來。

大地平穩，海洋也安靜下來。濃霧的盡頭傳來美妙的歌聲，恍如天籟；芬芳的香氣從四面八方襲來，讓人無比陶醉。一位美麗的女神腳踏五彩祥雲而來，落到海面上的時候，祥雲散去，化作一個小島，就是江之島。而這位女神正是辯才天女神。

辯才天女神

五頭龍聽聞女神降臨，也急忙趕去觀看。牠看到仙女翩然的身子，嬌美的面容，馬上就被迷住了。牠回到湖泊中，馬上要村民別再送女孩子過來。村民們以為牠反悔了，要繼續禍害村子，卻幾日都不見牠的動靜。原來，牠每日都陷入對辯才天女神的想念之中，茶飯不思，哪裡還有工夫去做壞事呢？

有一天，五頭龍實在無法抑制自己的相思之情，便動身來到了辯才天女神面前，傾訴自己的愛慕，說：「妳美麗的身影啊！常在我腦中縈繞。我對妳的相思啊！纏綿不止。我的女神，我對妳的愛無法自拔，希望與妳結合成為夫妻。妳要什麼都會答應妳。」

辯才天女神聽了大怒：「你這個禍患人間的怪物！你真是休想！你不僅相貌醜陋，內心也十分邪惡，肆意破壞村莊和農田，還害了不少人的性命。你只顧自己痛快，卻讓無數人受到折磨。我怎麼可能下嫁給你！你快死了心，離我遠些吧！」

五頭龍聽了辯才天女神的話，不禁十分沮喪。但是牠馬上就對女神發誓說：「雖然妳拒絕了我，但我還是要為了妳而改變。我從今天起會收斂自己邪惡的性格，努力造福人們，好抵消自己的罪過，也讓妳知道我對妳的真心。」

果然，五頭龍回去之後，要使者轉告大家，說自己將不再引起水災，也不再吃小孩子，請大家放心。當時並沒有人相信。五頭龍卻銷聲匿跡，不再亂發脾氣攪動湖泊，卻在乾旱的季節及時引來水源幫助灌溉，在洪澇的時候則幫助排水。颶風襲來時，牠就用巨大的身體將村子圍繞起來，讓村子免受風災和海嘯。

這樣，十年過去了，五頭龍始終堅持著自己的誓言。辯才天女神看在眼裡，記在心上，終於被牠的誠意感動了，願意與牠成婚，結為夫妻。

婚後的五頭龍對辯才天女神百依百順，體貼周到，對村民的照拂愈加殷勤。夫妻倆生活得非常幸福。

然而歲月流逝，五頭龍也漸漸老去了。牠知道自己大限將至，便對妻子辯才天女神道：「一直有妳陪伴，我這一生真是如同做夢一樣。也是因為妳，我才改了邪惡的本性，學會了幫助別人。我死之後，會化作一座高山，日夜守護著妳和這裡的村民。」死後，牠也實現了自己的誓言，化作了高山，繼續愛戀著自己的妻子，保護著村民。

五頭龍從最初的無惡不作，到最後的一心一意幫助村民，可以說是偉大的愛情的力量。辯才天女神對牠的改變發揮了至關重要的作用，五頭龍對她的癡心更令人讚嘆不已。

日本直到現在還有一口神奇的「龍戀鐘」，用來紀念五頭龍的癡情，據說，戀人在四周圍欄上掛上「愛情鎖」，圈住自己的愛情，並且兩人同時敲擊此鐘，便可相伴一生，永不分離。

小知識

江之島

辯才天女神降臨的江之島位於今天的神奈川縣藤澤市境內。最開始，江之島與海岸連接著。後來，海水上升，江之島與陸地分開，成為一個小島，只有在退潮時能夠與海岸重新相連。直到關東大地震發生後，整個島嶼都隆起來，再次和陸地真切地連接起來。

除了辯才天女神降臨的傳說之外，江之島最著名的經歷是曾在西元六七二年迎接日本修驗道始祖役小角的居住。因此，江之島全島成為「聖域」。

和尚安珍與化蛇的清姬

日本古代有有一個小國，叫紀伊國。這個國中有一個富有的人，叫做莊司。他為人豪義，慷慨大方，對侍奉神明的佛道人士非常敬重。

在奧州白河有一個年輕的和尚，叫安珍。他潛心向佛，每年都去紀伊國進行參拜，參拜期間都寄宿在莊司家中。

安珍相貌不凡，談吐優雅，知識淵博，修為很高。莊司很喜歡這個年輕的和尚。同樣喜歡安珍的還有莊司的女兒，清姬。

清姬是大家閨秀，清純可愛。每當到了安珍到她家中借宿的日子，她都躲起來，偷偷地注視著這個年輕英俊的男子。愛意在她心中漸漸滋生，可是安珍卻毫不知情。

莊司完全沒體會到女兒家的心思，還和她開玩笑說：「妳這樣貌美可愛，將來一定要一位十分出色的男子才配得上妳。至於人選嘛，我看安珍就不錯。」清姬聽了，馬上羞紅了臉，莊司也只當女兒害羞，哈哈大笑。

可是，清姬卻把父親的話當了真。她想，一定是因為安珍對自己也懷有這樣的感情，父親才會這樣說的。因此，她對兩人即將結合為夫妻的事深信不疑，甚至在她的心中，已經將安珍當作了未婚夫。這樣，在見不到安珍的日子，思念更加膨脹。

這年，安珍又來到了莊司家中借宿。為了迎接心上人，清姬隆重地打扮了一番，穿上了新做的衣裳，戴上了新買的首飾，還畫了一個最精緻的妝容。可是，她還是只敢偷偷地看著安珍。安珍經過幾年的歷練，變得更加出眾。清姬癡心不已，卻被無法表達的思念折磨得難以入睡。

眼看著安珍就要離開了，清姬終於忍不住了，在一個晚上來到了安珍的住處，看著這個自己日思夜想的男子，羞紅著臉憋了半天，才吐出一句話來：「我們什麼時候結婚？」

安珍大吃一驚，他一直聽莊司說起自己的女兒，但是到了此時才第一次見到。他很欣賞清姬的美貌與單純，但也只是欣賞而已，況且他更加注重的是加深自己的修為。可是，他也不忍心傷害這個少女，就說：「妳對我的好意，我十分感激。但是，我每年堅持到這裡來，是為了能夠進行參拜，增加修為。目前，我也沒有結婚之類的打算。妳能容我想一想嗎？」

清姬一愣，她原本以為兩人的結合是理所應該的事情。聽了安珍的話她十分疑惑，問：「你要想到什麼時候？」

「等我參拜完回來吧！也就是兩三天的時間。」

一想到兩三天後就可以與安珍結婚了，清姬十分歡喜，她幫助安珍準備行李上路，並一再囑託：「你可要快

化蛇的清姬

一點回來呀！我等著你！你一回來我們馬上結婚！」

日子一天天的過去了。清姬就在家門口盼啊盼啊盼安珍回來。可是，參拜回來的和尚路過了一撥又一撥，就是不見安珍的影子。她終於忍不住，拉住一個路過的和尚，問：「你知不知道一個叫安珍的年輕和尚？他回來了沒有？」

「我來得晚了些，沒有看到他。我想他應該已經先回去了。」

清姬不敢相信自己的耳朵。安珍難道不記得與自己的約定了嗎？她一定要弄清楚，於是馬上動身，一路向安珍追去。

她一邊打探，一邊不停地趕路，不吃不喝。不知道過了多久，她竟然真的看到了安珍的身影。她想，自己突然出現在他面前一定會讓他感到驚喜的。她連忙整理好自己，走到他面前，說：「安珍！安珍！我可找到你了！」可是，安珍卻問：「妳是誰？我不認識妳。」

清姬頓時受到打擊，滿腔的熱忱瞬間變得冰冷，心中的愛意一下轉換成了刻骨的仇恨。

本來純潔可愛的女子一下子被仇恨吞噬了心靈，變得面目猙獰，像惡鬼一樣衝著安珍怒吼：「你怎麼可以這樣對我！你怎麼可以這樣對我！」

安珍見她這個樣子，嚇得拔腿就跑。他一直跑到日高川的岸邊，見到有船，連忙乘船到達對岸的日高寺。日高寺中有很多僧兵。安珍可算是遇到了救星，連忙向他們講述了自己的遭遇，請求他們一定要幫助自己。僧兵們並不相信他的話，但是見他神情慌張，就答應先把他藏起來。正好，日高寺在修補鐘樓，剛卸下的大吊鐘放在地上，安珍就藏到了下面。

清姬一路追趕，也到了日高川的岸邊。這時候水流湍急，卻沒有一條小船。清姬心急如焚：「這可怎麼辦？要是不能馬上渡過河，安珍就會跑掉，我就再也見不到他了！這可怎麼辦才好！水流這麼急，除非我能變成一條大蛇游過去！」這樣想著，她低頭一看，自己竟然真的化成了大蛇的樣子！

執著的清姬絲毫沒有害怕，反而一陣狂喜。她馬上游到對岸，到了岸上想趕緊變回人形，卻再也做不到了。她紅著眼睛，吐著信子，發出嘶嘶的聲音，向日高寺游動過去。

僧兵們看到這樣的怪物，一個個嚇得不敢動彈。清姬也不理會他們，環顧了一圈，目光落在那口大鐘上。她憤怒地撕咬著鐘，卻一點也咬不開。安珍在裡面戰戰兢兢，聽見外面的撕咬聲停了，終於放心了一點。

沒想到，清姬並不放棄。她將長長的蛇身一圈一圈地纏到大鐘外面，緊緊地勒著鐘面，口中吐出火來，將自己的身體點燃，火焰瞬間將清姬燃燒起來，整個大鐘也被熊熊的火焰包圍，安珍在裡面被炙熱的高溫烤著。清姬很快將自己燒死，安珍也在大鐘裡面被高溫活活烤死。那樣子，就好像清姬在死時，緊緊擁抱著安珍。

死後清姬的魂魄依舊是蛇的形狀，她看到了另一條蛇，那正是安珍的魂魄，高興地和他纏在一起，說：「我們什麼時候結婚？我們馬上就結婚！」

安珍沒有辦法，只好託夢給日高寺的住持：「我是曾在貴寺中避難的僧侶安珍。我被一個女子糾纏，她一路追趕我，並化成一條蛇燒死了我。她自己也在那場火中死去。現在，我在黃泉被迫與她結合成了夫妻。我的修為算是毀了，再也不能修練成佛。只希望您為我好好超度一番，讓我擺脫這孽緣，早日去投胎吧！」

住持醒來後，便舉行了一場盛大的法事，為安珍超渡。很快安珍就再次託夢來，說自己已經解脫，要去轉世了。

而日高寺也從此改名為道成寺，宣揚佛法，普渡眾生。

清姬本來是個純潔無垢的少女，不諳世事，對父親的玩笑當了真，也對安珍產生了驚人的執念。安珍卻一心只想增加修為，以便日後成佛。兩人之間雖然驚天動地，卻並沒有愛情，從頭到尾都是執著的清姬的一場單相思。她對安珍的愛戀化作了強烈的佔有慾，安珍對這樣的感情始終選擇逃避，以為只要自己離開就會沒事了。這樣的兩個人，難免釀成一場愛情的悲劇。

小知識　道成寺

道成寺位於日本和歌山縣日高郡川邊町，西元七〇一年，奉文武天皇敕命而建號天音山千手院，本尊為千手觀音，原屬法相宗、真言宗，江戶中期改屬天臺宗。西元七九五年募款建立了這口傳說中的大鐘。道成寺因其傳說名聲遠揚，故事也被多次改編，最著名的有舞劇《京鹿娘子道成寺》、川本喜八郎的木偶動畫《道成寺》等等。

樵夫與黃鸝女神

很久以前，有一位年輕的樵夫，他每天都會勤勞地去山上砍柴。這天他正努力砍柴，累得滿頭大汗，想休息一下，卻看到一隻肥碩的兔子從草叢間一閃而過。樵夫連忙扔下手中的活追了上去。可是兔子三跳兩跳越跑越遠，樵夫緊追不捨，漸漸失去了兔子的蹤影。不知追了多久。樵夫終於發現兔子的身影早已經沒了，他垂頭喪氣，準備休息一下，回去繼續砍柴。

可是，他坐下來休息時，環顧四周，卻發現自己進入了森林的深處。四周茂密的高樹擋住了陽光，根本無法辨別方向。自己也從沒來過這個地方。他著急地連忙四處找路，希望能快點回去。他滿頭大汗地在密林中漫無目的地亂走，忽然發現了一塊空地，空地上竟然還有一座宅邸。這座宅邸十分華麗，似乎主人是個很有來頭的人。

樵夫心裡嘀咕：「這深山野嶺的，怎麼還有人建這麼漂亮的房子？難道是有錢人的愛好？」他慢慢走近宅邸，見那門是虛掩著的，便壯起膽子，想：「主人應該還在家。我進去向他求助吧！只是不知道會不會是很奇怪的人呢？」

他敲敲門，沒人應。他便輕輕地推開門，探頭進去，看看裡面是什麼樣子。

沒想到，裡面的景象實在驚人！陽光熱情地灑下來，照耀著這裡；奇花異草蓬勃地生長著，在微風中輕輕晃動，香氣沁人心脾；鳥兒們悅耳地鳴唱，好像在打鬧玩耍。這一切，與門外的世界截然不同，令樵夫驚詫不已。

正當他不知所措的時候，一個相貌清秀的年輕女子走了出來，正好看到在偷看的樵夫，她很生氣地問：「你是什麼人？怎麼隨便跑到別人家裡來？」

樵夫只好將事情如實說了一遍，最後說：「真是非常不好意思。我只是想來問一下路，不小心冒犯了您。我馬上就離開。」

女子卻說：「不必了。我看你並沒有說謊。而且，你也是我家中來的第一個客人。這樣吧，我要出去辦事，你先在我家裡歇息一下，正好可以幫我看家。你覺得怎麼樣？」

樵夫確實需要休息，他對女子的歡迎和信任十分感激，連忙點頭答應。女子又說：「你可以隨意參觀，也可以隨便用這屋子裡的東西。只有一點，請你記住，絕對不要進入後院中的房間。」

樵夫表示一定按照主人的話去做。女子便出門去了。

樵夫休息了一會兒，在宅邸中隨意參觀起來。這是一座很大的宅邸，有很多房間，裡面的裝飾無不精美，令他讚嘆不已。他被深深吸引，不自覺地從一個房間走到另一個房間之中。很快，他便將所有的房間都參觀完畢。可是，他還覺得不滿足，覺得要再看一些房間才能盡興。這時，他唯一還沒參觀的就是後院中的房間了。雖然主人叮囑不可以看這幾個房間，但是他還是鬼使神差地來到了這房間前面，安慰自己：「我只是看看，絕對不動裡面的東西……」

於是，樵夫打開了第一個房間，裡面十分明亮，還有三個女孩子正在打掃房間。女孩子們發現了他，如同受驚的小鳥一般躲藏了起來。

他對於驚擾了女孩子們十分抱歉，又去打開了第二個房間，只見一個青銅的火爐上一個精美的茶壺正冒著熱氣，顯然水剛剛燒開。在角落裡還有一扇屏風。樵夫想這個房間中也許有人在休息，連忙退了出來，又去打開第三個房間。這個房間中裝飾古樸，擺滿了戰甲和兵器，似乎住著的是一個戰功赫赫的大將。但此時房間裡並沒有人。樵夫便欣賞了一會兒，又去看第四個房間。在這裡的是一匹漂亮的駿馬，威風凜凜，英姿颯爽。牠的身上還配著黃金的馬鞍。樵夫想，也許這是隔壁的那位將軍的戰馬，可是為什麼牠不在馬廄裡呢？他懷著這樣的疑問，又來到了第五個房間。這裡整齊地擺放著很多的桌子，上面都是精緻的高級餐具，似乎準備進行一場盛大的宴會。聯想到前面的房間，樵夫想，也許這裡要舉行的是慶功宴呢！他仔細欣賞了一下，便離開，又去了第六個房間。這裡面非常簡單，只有一個巨大的黃金酒桶。樵夫聞到那醉人的酒香，不禁喝起來，喝得醉醺醺的，才終於停下來，到了最後一個房間。

一開門，一陣神祕的花香就撲鼻而來。這讓樵夫更加沉醉。他仔細看去，只見這個房間的角落裡有一個用金絲稻草編製的鳥巢，上面還有三個潔白光滑的鳥蛋。

樵夫見了鳥蛋，十分驚詫。因為這鳥蛋看起來像是美玉製作的。為了看清楚這是真的鳥蛋還是玉製的，樵夫將一個鳥蛋拿在手中仔細觀看。可是，剛一到手中，這蛋就一下子摔在地上，一隻小鳥從破碎的蛋中鑽出來飛走了。他以為是自己眼花了，又拿起第二個、第三個蛋，都是如此。看著一地的碎片，還有飛走的三隻鳥兒，樵夫一下子酒醒了大半，知道自己闖禍了，頓時手足無措，不知道如何是好。

正在這時，出門的女子推門回來了。她喊道：「我回來了。客人，您還在嗎？」找了一圈也不見樵夫的影子，卻見到後院的門開著，所有的房間都被打開，一片混亂。她在每個房間中都查找了一番，最後終於找到了在鳥窩和一地碎片面前發呆的樵夫。

看到這場面，女子不禁放聲大哭：「我是黃鶯女神。本來想著與你有緣，有心對你託付終身。可是，你卻連這小小考驗都堅持不住。你不僅背叛了自己的承諾，還傷了我族中的三個孩子。這都怪我啊！」黃鶯女神說完，長嘆一聲，變出原形，拍著翅膀傷心地飛走了。

樵夫見了驚出一身冷汗，正要離開這宅邸，卻感到一陣疾風吹過，再看時，發現自己身處密林間的空地上，四周哪裡有什麼房子呢！

樵夫後來被上山打獵的人發現，總算回到了家中。他對自己沒有遵守承諾，擅自進入後院還打破鳥蛋的事十分愧疚，同時也一直對美麗善良的女神念念不忘。但是，他知道自己再也見不到女神了。這段奇妙的緣份，終究毀在了自己的手中。

小知識 不能打開的房間

這個故事同樣是對中國傳說的借鑑。面對絕對不能打開的房間，因為好奇的驅使而打破了承諾，最終還闖了禍。但是，善良的神明並沒有對肇事者進行懲罰，只是讓他得不到原本可以得到的好處。在西方傳說中，同樣有許多「不能看的房間」，裡面卻都是魔鬼和喪屍，一旦進入這樣的房間，可以說是自動進入懲罰模式了，往往會失去性命。由此可以看出東西方文化的差異。

安倍保名和狐狸女神

村上天皇時代，有一位名叫安倍保名的青年。安倍家是名門望族，祖先阿倍仲麻呂是奈良時代的遣唐留學生，與唐朝的著名詩人李白、杜甫等都有很深的交情。

但是，到了保名的父親這一代，安倍家族卻發生了很大的變故。他父親本是當地領主，卻因為被騙失去了所有的領地，只給他留下了許多珍貴的關於陰陽道的卷幅。保名立志要重振家族，每月都去泉州信太森參拜神明。那裡人跡罕至，荒涼晦暗，人們傳說這裡有許多鬼魅。

有一次，保名帶著自己的幾位隨從，像往常一樣去參拜。當時正是秋日，荒寂的信太森竟然也別有風味。保名在參拜之後，命人擺下宴席，一邊宴飲，一邊欣賞這美麗的風景。

一行人品酒賞景，興致高漲。突然，旁邊傳來兇惡的獵狗聲，還有一陣嘈雜。眾人還沒反應過來，就有兩隻雪白的大狐狸闖入席間，如同兩道白色的閃電一樣跑過去消失了。之後，又有一隻小狐狸闖入，也許是跑累了，也許是失去了父母的身影感到迷惑，牠竟然停下腳步，一動他不動地看著保名。

「真是太可憐了！一定有獵人帶著狗要抓這些狐狸。」一聽到有人這樣說，保名連忙抓住小狐狸藏進自己的袖子裡。果然，馬上有人帶著一群獵狗衝了進來。保名的僕從們馬上拔刀戒備。

對方卻無理地叫嚷著：「剛才跑進來了好幾隻狐狸呢？那是我家主人要的東西！識相的就快點交出來！」

保名說：「在這裡殺生的話，連神明也會生氣呢！」

這時候又有人進來，正是河內的守護大名石川恆平，他惡狠狠地回答：「我可不管什麼神明不神明！我只知道我的妻子生病，要幼狐的心來進行治療。你們最好馬上把那些狐狸交出來，不然我可不客氣了！」

保名卻說：「我沒有狐狸可以交給你。」石川恆平大怒，率領部眾就殺上來。保名的僕從也連忙迎戰。可是，他們人寡力薄，哪裡是來勢洶洶的石川的對手呢？保名的僕從全死於石川的刀下，他自己也受了重傷，生命危在旦夕。

保名將命喪黃泉之時，卻十分平靜，因為他在一片混亂中將小狐狸偷偷放走了，四周查看也沒看到牠的身

安倍晴明和母親葛葉告別

影。他知道小狐狸不會被石川那夥人抓到的。

「說，到底把那些狐狸藏到哪裡去了！再不說，就連你一起殺掉。」

保名冷笑一聲，沒有說話。石川的刀正要落下，卻傳來一聲：「住手！」

眾人仔細看去，說話的竟然是河內國藤井寺的住持賴范和尚。這座寺廟正是石川恆平一族所皈依的，他對住持也十分敬重，不敢有違住持的意思。

石川見到住持面帶慍色，連忙迎接上去，說：「住持，您怎麼來了。」

「我來這裡是因為有人在神明的居所殺人。」

石川趕緊讓部眾收好刀劍，恭敬地向住持解釋了事情的經過。

住持淡淡地回答：「本來你們在神明之處殺生已經不對，竟然還傷了這麼多人命。你們還是快些走吧！這個人交給我來看護。」

石川沒有辦法，只好帶著部眾離去。住持解開了保名身上的繩索，還為他簡單處理了傷口，

晴明神社

說：「他們已經走遠了。放心吧！你已經安全了。」

保名連忙說：「謝謝你……」

「不，是我該謝謝你。」住持說著，就化作了小白狐，朝保名眨眨眼睛，似乎在再次表示感激，之後就離開了。

保名百感交集，休息了一會兒，支撐起重傷的身體，搖搖晃晃地朝家的方向走去。他走到河邊，準備喝點水，碰巧看到一個少女在那裡打水。可是裝滿水的水桶十分沉重，她吃力地將桶提起來，不小心還是打翻了，自己也狠狠摔了一跤。

保名連忙上前扶住少女，問：「妳沒事吧？」這一動，卻讓他的傷口撕裂，更加疼痛。少女起身，見到他身上血肉模糊的，連忙說：「你傷得好重啊！再這麼下去可不行！快快，先到我家裡去，我給你好好處理一下傷口吧！」

這位叫做葛葉的少女獨自生活，對保名照顧得細心有加。保名十分感激葛葉，更加被她的美麗善良所吸引。在保名的身體痊癒後，他依然不願意離去。他在葛葉眼中也看到了對自己的不捨。終於有一天，他對葛葉說：「能遇到妳真是我的幸事。我想，妳就是我理想的妻子的人選。妳願意和我結合成為夫妻嗎？」葛葉羞紅了臉點頭。兩人便開始了恩愛的生活，並生下了一個孩子，叫安倍童子。

就這樣，一家人一起幸福地度過了好幾年。這一天，保名和平常一樣去種田，葛葉則在家中織布，照顧童子。

那時候也是一個深秋，去年家中才種滿的菊花到了初次盛開的時候。在織布的葛葉忽然聞到了濃烈的花香，只覺得這香味有些異常，精神感到十分恍惚。忽然，在她身後的童子驚恐地喊起來：「啊！媽媽，您！」

她一下子明白，自己因為受到菊花香味的影響，露出雪白的大尾巴了。原來，她正是保名救過的那隻小狐狸。她回頭看到童子驚詫地望著自己，似乎不認識母親的樣子，十分傷心。她也知道，自己無法和丈夫、兒子過從前的生活了。

她不想被保名看到自己這樣子，留下了一張字條，不等他回來就匆匆離開了。

保名回家後四處不見妻子，只看到了一張字條，上面寫著：「很抱歉我欺騙了你。其實我並不是人類，而是狐狸女神。七年前的那時候，我們被人追殺，我與父母走散。幸虧你的義舉，我才活下來。為了報恩，也是因為欣賞你的仁義，我決定和你成為夫妻。和你一起生活的這段時間，我感到十分快樂。但是，如今我的身分暴露，我們再也不能回到從前了。請你好好照顧好我們的孩子。我就此拜別了。」

保名和童子都很傷心。可是，卻不得不接受這個事實。

安倍保名宅心仁厚，救下了可憐的小狐狸，卻為自己招來了禍患，失去了不少僕從，自己也差點死掉。之後，他因為狐狸女神的報恩而生活得幸福，後來家業也漸漸振興。不得不說是對他善良的報答。

據說，安倍童子長大後生下的兒子，就是日本歷史上著名的陰陽師，安倍晴明。

小知識　安倍晴明

傳說，母親離開的時候，對安倍晴明最後歌唱道：「如果思念的話，就來尋找吧……和泉最深處信太森林，葛之葉……」後來，他由於找到母親，繼承了神力而變得強大。

現實裡，安倍晴明出人頭地比較晚，村上天皇任命他為天文博士，為貴族階層進行占卜。之後，他先後受到了花山天皇、一條天皇和藤原道長等人的高度信賴，負責主持各種重大儀式和重要事務的占卜。不只如此，他還獲得了實權，一路擔任過左京權大夫、穀倉院別當、播磨守等重要職位，受賜「法清院」。

當時的日本看似歌舞昇平，卻因為權貴之間骯髒的鬥爭而污穢不堪，傳說中的「怨靈作祟」現象比比皆是。這樣的情況下，朝廷需要強大的陰陽道鎮壓「惡靈」，加強自己的統治。這正好為晴明提供了舞臺。晴明歷任數位天皇、權臣，都受到信任和重用，並且官位不斷上升，除了說明晴明是一位出色的陰陽師之外，更可以說明他是一位出色的政治家，在混亂的時代，能夠遊刃有餘，鞏固自身。

鐵匠與月宮的竹姬

以前有一位老人，以編竹籃維生。他年紀一天天的大了，最大的遺憾就是沒有子女，晚年十分孤寂。

這一天，老人和往常一樣，一大清早就到山上砍毛竹，做為編製竹籃的原材料。他採集了足夠的毛竹，坐下來休息，忽然，似乎有細微的哭聲傳來。他四處觀察，這周圍並沒有其他人啊！難道是自己聽錯了？

又仔細聽了一會兒，老人才發現，那細微的哭聲竟然是從自己手中的竹子裡傳來的！他仔細看那些竹子，不一會兒，就見到一個拇指大小的小人從裡面爬了出來。老人看到這樣的事情，驚訝地說不出話來。

那是一個小小的女孩，見到老人正看著自己，趕緊擦去了眼角的眼淚，不好意思地笑了。她一副嬌憨的模樣，讓老人也放心了一些。但他還是小心地問：「妳是誰？」

小女孩說：「你不要害怕。我本來是住在月宮上的神。剛才，我做完了自己的工作，一個人跑去玩，不小心從月宮上跌了下來，正好掉進了你削好的竹筒中。我曾被流放到人間，費了好大力氣才回到天上。可是現在我又沒有辦法回去了，還變成了這副模樣。我既傷感又害怕，就忍不住哭起來了。」

老人聽了這小女孩的話，十分同情她的遭遇，就問：「那麼，我有什麼可以幫助妳的嗎？」小女孩又不好意思地笑了：「可以讓我和你一起生活嗎？別看我現在這麼小，我會長大的！我還會做很多事情的！」

老人哈哈大笑，說：「正好，我也是獨自一人，一直想要有兒女。那妳就做我的女兒吧！既然我是在竹子中發現妳的，就叫妳竹姬好不好？」

兩人就這樣開始一起生活。老人將竹姬當成親生女兒一般，疼愛有加。竹姬也對老人十分孝順。

一轉眼，竹姬已經出落成一個漂亮的大姑娘了，引得很多年輕人為她傾心。其中有一位就是不遠處的鐵匠。

這位鐵匠年紀輕輕，但是打鐵的手藝卻是一流的。他高大英俊，聰明開朗，受到大家的喜愛。有一次，他到市集上正好遇上了竹姬，對她一見鍾情。竹姬也漸漸對他產生好感。兩個人時常偷偷約會，享受著美好的二人時光。不久，鐵匠對竹姬說：「我再也無法忍受與妳分開，哪怕一時半刻都不行。」

竹姬聽了，羞紅了臉，回答：「那，你明天要去我家中提親才行。」鐵匠聽了十分高興，連忙答應。

可是，想和竹姬結婚的不只是鐵匠一人，還有鄰國的三位皇子。在竹姬和鐵匠訂下終身之約的同一天，他們分別來到了老人的家中，各自威脅說：「我喜歡上了你的女兒，這是你的榮幸。把你的女兒嫁給我，不然，我可不會甘休！」

當晚，竹姬回到家中，對老人說明了自己和鐵匠的事情，並說鐵匠會來提親。老人嘆了一口氣，先是為女兒高興，接著將三位皇子的事情對竹姬說了一遍。

竹姬聽後，想了一會兒，笑著說：「沒關係，女兒自有辦法應付他們！」

第二天，天剛亮，大皇子就率領人馬來到了竹姬家中。竹姬早就等在門口，見到他，就輕輕一笑，問：「聽說您是來向我求婚的，是嗎？」

大皇子見到竹姬溫柔的樣子，以為她對自己也有愛慕之意，非常高興，連忙說：「我是很有誠意的。妳看，我帶來了很多聘禮！只要妳答應我，妳馬上就會成為尊貴的王妃！」

竹姬回答：「雖然如此，我還是想要看看你的誠意。我聽說，在遙遠的印度國，有一個鐵做的酒杯，裡面盛滿了耀眼的寶石。可是，看守它的是一個渾身青色，有兩層大屋那麼高的妖怪。只要你能在一百日內拿到這個鐵杯做為求婚禮物，我就立刻嫁給你。否則，我是不會答應你的！」

大皇子滿口答應，然後就離開了。

沒多久，二皇子就率領人馬來到了竹姬家中。竹姬見到他，也輕輕一笑，說：「聽說您是來向我求婚的，是嗎？」

二皇子馬上神魂顛倒了，連忙說：「我對妳是真心的。妳看，我帶來了很多聘禮！只要妳答應，妳馬上就會成為尊貴的王妃！」

竹姬仍是回答：「雖然如此，我還是想要看看你的誠意。我聽說，在中國的東海，有一座蓬萊仙山，那裡有一棵黃金的樹木，結出的果子都是耀眼的寶石。可是，看守它的是有兩個頭，會噴火的獅子。只要你能在一百日內拿到這棵寶樹做為求婚禮物，我就立刻嫁給你。否則，我是不會答應你的！」

二皇子也滿口答應，然後就離開了。

最後，三皇子來了。竹姬仍然是問：「聽說您是來向我求婚的，是嗎？」

三皇子見到竹姬溫柔的樣子，連忙說：「我很愛妳。妳看，我帶來了很多聘禮！只要妳答應，妳馬上就會成為尊貴的王妃！」

竹姬回答：「雖然如此，我還是想要看看你的誠意。我聽說，在中國，有一對神奇的小鳥。牠們的身體只有指甲大小，翅膀上的羽毛卻有一萬根，比寶石都要珍貴。可是，看守牠的是一隻能呼風喚雨的巨龍。只要你能在一百日內拿到這對小鳥做為求婚禮物，我就立刻嫁給你。否則，我是不會答應你的！」

三皇子也滿口答應，然後就離開了。

三個皇子雖然都答應，但是卻沒有一個有膽量去做那樣的嘗試。他們都想，反正竹姬也沒見過真正的寶物，弄個假的送給她就行了。於是他們都去找那位鐵匠，要他按照要求做出禮物來。

可是，鐵匠卻冷冷地回答：「這樣的東西，別說是做不出來，即使是能做出來，我也不會做，因為這是會觸犯神明的！到時候，不光是我，連你們也難逃神明的震怒！」

三個皇子一聽，連忙回到自己的宮殿中去，再也不敢想向竹姬求婚的事情了。

於是，竹姬和鐵匠馬上舉行了儀式，正式結為夫妻。

可是，就在這天晚上，天色十分詭異。大大的月亮明明就掛在天空上，但是天色晦暗，寒風陣陣。竹姬知道，一定是天神得知自己擅自與地上的人結合，感到生氣了。

她十分害怕。這時候月宮的使者來了。

「我是不會和祢回去的！」竹姬堅定地說。

「誰說我是要帶妳回去？」使者笑著回答，「聽說你們結婚了，妳的姐姐高興極了，特意差我送妳一件華麗的禮服。快換上試試。」

「真的嗎？」竹姬聽到之後非常開心，馬上將美麗的衣服穿在了身上。可是，她穿上之後，竟然漸漸失去了對地面的記憶，慢慢上升到天空，向月亮奔去。

鐵匠眼看著妻子竟然升到了空中，連忙一邊追趕，一邊大聲叫她的名字。可是，竹姬如同被催眠一樣，完全不理會。鐵匠傷心不已，追趕到山頂上，已經再也看不到竹姬的身影了。他傷心欲絕，縱身跳入山的狹縫中死去了。

竹姬馬上要到達月宮的時候，太陽出來了，耀眼的光芒讓她一下子清醒了過來。天啊，自己是做了什麼啊？竟然輕信了謊言，離開了父親和丈夫，還害丈夫死去了。她對天宮喊：「既然我與他活著不能做夫妻，就讓我們死後在一起吧！」說著，來到丈夫死去的地方，毫不猶豫地跳了下去。

人們都說，這兩個人真的如竹姬所言，死後幸福地生活在一起。而他們自盡的這個山峰，就是後來的富士山。而竹姬正是曾經被天照大神流放到葦原中國的月讀命，她到了人間名為輝夜姬，在歷經艱險取得了幾件寶物後回到高天原，但還是被安置到了月宮，後來化成了竹姬。

這個故事，不禁讓我們想到了幾個中國的傳說故事。比如，奔月的情節明顯出自嫦娥與后羿。再如，神不能與人結合的設定又酷似牛郎和織女等故事，因為在日本的其他傳說中很少有神與人結合招致災厄的。竹姬為難幾位皇子所提出的條件，又很有希臘神話的風格。這個故事，可以看出日本神話受到中國和希臘等地的影響。但是，最後兩人雙雙殉情的情節倒是日本民族精神的風格。

小知識

拇指姑娘

起初，竹姬只有人的指甲大小。想到這樣的小小的女孩，不禁就讓人覺得可愛。在神話傳說中，身形變小的形象很常見。比如後世的《格列夫遊記》中的小人國和《安徒生童話》中的拇指姑娘。不過小人國中的小人們鉤心鬥角，和竹姬完全不同，拇指姑娘溫柔善良，和竹姬有不少相似的地方。

少年青青與櫻花女神

在海邊，住著一位叫青青的少年。他自小就是孤兒，凡事都要靠自己親力親為，因此無論是出海捕漁，還是種田，他沒有不會的。不過，他最大的愛好還是種花，院子裡種滿了各式各樣的花，到了開放時節，美麗極了。雖然生活清貧，但是他卻一直非常快樂。

有一天，青青又去出海捕漁了。不料，這次遇到了巨大的風暴，他的小船被吹到了一個不知名的小島上。他登上小島，只見這裡山清水秀，各種花草爭奇鬥豔，美麗無比。

正當他在島上閒逛時，一位少女身穿著和服，腳踩著木屐，姿態婀娜地從草叢中走了出來。她疑惑地問青青：「看你不像這附近的居民。你是什麼人？」

青青連忙做了自我介紹，將自己的遭遇講了一遍。那少女說：「這裡叫做邪馬台國。我叫薩古拉。歡迎你來到這裡。」說完，就帶著青青到島上參觀，帶他欣賞盛開的櫻花，招待他吃自己親手製作的美味食物，兩人在一起十分快樂，玩了整整一天，最後倚著櫻花樹，在皎潔的月光下入睡了。

半夜的時候，青青迷迷糊糊地醒來，看到在月色之下，一個兇惡的老太婆正在教訓薩古拉：「妳居然和男人如此親密的往來，真是太不像話了！別忘了，妳馬上就要嫁給我乾兒子了！別做些不貞潔的事情！」

薩古拉哭喊著：「我才不要嫁給那個醜男人！我不嫁給他！」

老太婆冷笑一聲，說：「這還由得了妳嗎？要是敢不聽我的話，別忘了會有什麼下場！」

薩古拉哭著說：「就是死我也不會嫁給他的！」

老太婆大怒，掄起手中的木棒就朝薩古拉頭上打去。青青正要去幫助薩古拉，卻感到頭上的櫻花在風中飄下來許多。他抬頭看了一眼，再回頭時，明亮的月光下竟然沒有一個人影！

「我一定是在做夢。」青青想著，又昏昏沉沉睡著了。

第二天早上起來，青青剛一張開眼睛，就看到了哭泣的薩古拉。她頭上血跡斑斑，臉上滿是淚痕。青青這才恍然大悟，原來自己晚上並不是在做夢！他趕緊問薩古拉發生了什麼事。

薩古拉哭著回答：「我也不瞞你了。其實，我是櫻花女神。很久以前，邪馬台國這個小島與大陸分開了，獨自飄零，十分孤單。眾神就派我來小島上進行點綴。可是，我雖然擁有美麗的外表，卻沒有絲毫戰力。所以，被一個老太婆和她那醜陋的乾兒子偷襲。他們登上島來，無惡不作。最後，還逼我嫁給那個醜八怪！我不要嫁給他！你一定要救救我！」

青青聽了，十分同情薩古拉的遭遇，也很想幫助她。可是，要怎麼做呢？

薩古拉說：「這好辦。我有個好姐妹，是蓮花女神。以前我們總在一起，可是分開後，我就不知道怎麼找到她了。你只要帶我到有蓮花的地方就可以。找到蓮花女神，她一定會幫助我的！」

青青回答：「沒問題。我的家鄉就有很多蓮花。連我家中都有。我帶妳坐小船回我家吧！」

很快，他們就回到了青青家中。那時候已經是黃昏了。薩古拉突然對青青說：「你先進去休息吧！我一個人去找蓮花姐姐。」

青青無奈，只好自己先回去。還沒進院門，就聽見院中有無數少女嬉笑的聲音。他偷偷向裡張望，只見自己種下的花朵們紛紛化作了美麗的女神，齊齊地喊著：「蓮花姐姐！」一位英姿颯爽的女神環顧四周，說：「我占卜得到結果，櫻花女神今天會來。她還沒有到嗎？」眾女神紛紛回答：「還沒有！」

蓮花女神說：「櫻花女神以後就要住在這裡了。她個性文靜，容易害羞。妳們可不要欺負她。」眾女神紛紛笑著說：「蓮花姐姐好偏心。」

這時，有人報告說，櫻花女神到了。只見院子中突然多了一棵櫻樹，薩古拉款款從樹中走出。蓮花女神見了她，十分驚喜。兩個人在一起有說不完的話。

蓮花女神問：「聽說妳在邪馬台國被人欺負。妳是怎麼離開那裡的？」

薩古拉害羞地指了指在院門外的青青，說：「他救我出來的。」

蓮花女神笑著說：「既然他救了妳，那妳嫁給他好不好？」

薩古拉低頭不語，眾女神掩面而笑，為兩個人舉行了隆重的婚禮。

這時候，老太婆和醜男人一起衝了進來。老太婆指著薩古拉大罵：「我說過，妳要嫁給我乾兒子，別的男人妳想都不要想。現在可好，還敢和別的男人結婚，找打！」

蓮花女神大怒，她衝到老太婆面前，一劍將她劈成了兩半。這時候，大家才看到，老太婆的原形是隻巨大的黑毛毛蟲。

那醜男人嚇得拔腿就跑，跑之前還不忘了要去抓住美麗的薩古拉。蓮花女神一劍刺向他的心臟。大家這才發現，那竟是一隻癩蛤蟆。

清理掉這兩個禍害，眾女神都十分開心。薩古拉終於擺脫了他們，不禁喜極而泣。大家整理了庭院，重新舉行了婚禮。青青和美麗的櫻花女神正式結為夫妻，和花神們幸福地生活在一起了。

小知識　櫻花的寓意

櫻花是日本的國花，隨處可見，因此日本也被稱為櫻花之國。日本人有一種櫻花精神，在他們看來櫻花代表著純潔、浪漫、高貴、忠貞。櫻花的花期很短，一般從開放到凋謝只有七天，整棵櫻樹從開始開花到全部凋謝大約為十六天。故此，櫻花常常是一邊花滿枝頭，一邊隨風飄零，美麗壯觀。

櫻花花瓣不是枯萎後才飄落，凋謝時往往還鮮豔靚麗色，十分美麗。不貪戀生命，只在最美的時候死去，這也成為了日本人最稱頌的一種美德。

關於櫻花的顏色有一個淒美的傳說。據說最初的櫻花都是白色的，但是日本的武士遵循的美學和櫻花一樣，在自己人生最輝煌的時刻結束自己的性命。他們常常來到櫻樹下，安靜莊重地剖腹，於是武士們的鮮血將櫻花染成了紅色。

千歲松與阿古耶姬

前面的故事都是女神下嫁給凡人的故事。那麼，這個故事，則是男神與少女的戀情。

在奈良時期，京城有個叫藤原豐光的人，他很有名望。他的妻子早逝，只有一個女兒叫阿古耶姬，陪伴在他左右。

這一年，藤原豐光被派到陸奧國做國司，他帶著女兒一同赴任。

來到陸奧國之後，藤原豐光馬上為自己選了一個舒適的居所。他選的地方是千歲山山腳的平清水，這裡山清水秀，情調悠然。同時，也不會擔心自己不在家的時候女兒接觸一些壞朋友。

可是，這卻可憐了阿古耶姬。原本她在京城中已經習慣了繁華的生活，突然來到了只有鳥鳴蛙叫的地方，起初倒還新鮮，過了幾天就覺得無聊了。父親每日公務纏身，只留她一人在家，連個伴都沒有。阿古耶姬只好每天彈奏古箏，來排解寂寥。

阿古耶姬古箏彈奏技巧嫻熟，流暢婉轉。這天，她又在演奏，卻聽到窗外傳來了悠揚的笛聲，起起伏伏，正暗合自己彈奏的曲調。

阿古耶姬有了知己，十分開心，痛快地彈了幾曲。忽然，她想起來，這周圍人很少，怎麼會有人與自己合奏呢？她向窗外望去，只見籬笆牆外站著一個青年男子，氣宇軒昂，英俊不凡，手中還拿著一支橫笛，神情專注，似乎還陶醉在剛才的演奏中。

不一會兒，那男子似乎察覺了阿古耶姬不打算再彈奏了，就離開了。

阿古耶姬對這個男子十分好奇，心裡產生了一連串疑問。可是卻無從得到答案，只好先收起自己的好奇心。

從此，每天阿古耶姬彈奏古箏的時候，男子都會準時出現在籬笆門外，與她應和，不管是什麼樣的曲子都難不倒他。阿古耶姬將他當作唯一的玩伴和知己，同時對他越來越好奇，終於有一天忍不住了，在看到男子的時候，她放下古箏，跑了過去，問：「你是誰？為什麼每天來這裡與我合奏？」

男子回答：「我叫左右衛門太郎，自幼喜愛音樂。偶然經過聽到妳彈奏古箏，被深深吸引，覺得是難得的好琴聲，就來與妳合奏了，還希望沒有唐突。」

兩人志趣相投，很快就擦出了火花。兩人約定時間和地點相會，彈琴賞花，無比浪漫。

藤原豐光雖然忙碌，卻也漸漸察覺出了女兒的變化。他不禁詢問女兒發生了生麼事，誰知，阿古耶姬竟然坦言自己有了心上人，並將左右衛門太郎的事情如實道來。

藤原豐光聽了，覺得這個男人十分可疑，於是告誡女兒，選擇交往的對象一定要慎重，不可以輕信他人，更不可以再和那個男人見面。

阿古耶姬默默答應了父親的要求，但是抑制不住思念，還是有機會就去找左右衛門太郎，十分祕密地約會。終於有一天，兩個人私下結為了夫妻。

兩人對這樣隱密的夫妻關係已經非常滿足，打算暫時就這樣相處下去。可是，有一天左右衛門太郎找到阿古耶姬，跟她道別：「我的身分如今可以告訴妳了。我其實是千歲山上的一棵千年松，修練千年，成為了樹神。可是，我在這深山之中，感到十分寂寞。直到我遇到妳，聽到妳優美的琴聲，我感到遇到了知音。所以，我才化作男子模樣與妳合奏。本來只是想找個朋友，卻沒想到，妳是如此美麗的姑娘，溫柔體貼，知書達理。我不禁愛上了妳，和妳在一起非常幸福。我也想和妳一直這樣生活下去。但是現在，我卻不得不離開了。」

阿古耶姬驚訝地問：「為什麼？為什麼要離開？你不愛我了嗎？」

左右衛門太郎說：「並不是我不愛妳了。而是千歲山上正在進行大規模的伐木工作，聽說是為了建橋，馬上就會輪到我了。」

阿古耶姬馬上抱緊他，說：「不要，我不要你離開！」

左右衛門太郎嘆口氣說：「這也是沒辦法的事情啊！我別的不求，只求妳明天能去拉我一下，也算是最後的告別了。」

阿古耶姬思考著丈夫說的話，默默地流淚，一夜沒睡。第二天一早，她就來到了千歲山上。她看到伐木工人砍下了一棵棵大樹運走。想到自己的丈夫就是其中的一員，她傷心不已，潸然淚下。

忽然，她看到有幾個工人在搬運一棵巨大的松樹。這棵松樹很粗，看年輪似乎有上千年樹齡。最重要的是，整整一個晚上了，好幾個人用盡了方法也不能使它移動半分。

阿古耶姬想起丈夫的交代，來到了那些人面前，說：「不如讓我試一下吧！」

幾個人哈哈大笑：「我們這些身強體壯的男人都拉不動，妳一個柔弱的小姑娘又能有多大力氣呢？」

阿古耶姬說：「這不是靠力氣能解決的。再說，讓我試一下，你們也沒有什麼損失。」

幾個人相互看了看，將手中的繩子交給了阿古耶姬。

阿古耶姬牽著繩子，默默地說：「你放心地去吧！就算是成為了橋也好，還是成為了別的什麼也好，你都是我的丈夫。我對你的愛不會因為你的離開就停止，相信你對我也是一樣。」

說完，拉動手中的繩子，那棵無人能夠移動的巨木就真的跟著她走了。

阿古耶姬回到家中，向父親說明了左右衛門太郎的真實身分，還有他離開了的事情，不顧反對，獨自一人來到了丈夫生前的位置，重新種了一棵樹，並且在旁邊蓋起了草屋，一直照料著這棵樹，每天在樹下彈奏古箏，向它訴說自己對丈夫的思念之情。

阿古耶姬和千歲松的愛情故事感動了很多人。兩人對彼此的癡情與忠貞讓無數人感慨和羨慕。阿古耶姬死後，人們將她的屍體埋在了那棵她親手種的松樹下，並將此樹命名為「阿古耶松」。直到後世，日本人仍舊用「千歲松」來形容至死不渝、永恆不變的愛情。

小知識　千歲山、恥川

千歲松神與阿古耶姬的愛情故事流傳很久，到了三百多年後的平安時代還經常被人提起。有一次，一位叫藤原實方的歌者被人陷害，一條天皇非常生氣，對他說：「去找傳說中的阿古耶松吧！否則就別來我這大殿上演奏了！」

無奈之下，藤原實方只得踏上了前往千歲山的旅途，歷經艱辛，終於找到了阿古耶松。可是，他卻馬上死於非命。他路過三輪笠島時，經過道祖神，卻沒有按照當地禮法下馬祭拜。結果，道祖神被激怒了，他剛剛來到阿古耶松面前的時候，就忽然從馬上摔下來，當場慘死。

他的女兒中將姬得到這個消息後，傷心不已，馬上動身前去千歲山。她經過平清水村渡河時，低頭看到水中的倒影，原本年輕的少女竟然在一夜之間變成了頭髮花白的老嫗。她長嘆：「我這副模樣實在沒有面目見人了！」人們便把那條河稱為「恥川」。

之後，中將姬終生在萬松寺中祭祀阿古耶姬與自己的父親藤原實方。直到現在，千歲山的萬松寺上仍有這三人的墳墓。

化龍的八郎太郎和辰子

在很久以前，有個叫八郎太郎的男孩，他身材高大，孔武有力，心地善良十分照顧別人。他喜歡和朋友們一起到山上狩獵或者拾柴，和大家一起分享自己的勞動成果。

有一年冬天，他照常和兩個朋友一起到山中狩獵。他們打了不少美味的獵物，非常高興，於是決定在山洞中做飯。兩個朋友還有事要忙，八郎太郎說：「你們去忙吧，我來做飯就行啦！」

八郎太郎來到河邊打水，此時雖然是寒冬，卻有幾條岩魚在水中游動，八郎太郎見這幾條岩魚十分鮮嫩，就急忙將牠們都捕撈了上來。

抓到岩魚的八郎很高興。他回到山洞，將岩魚處理乾淨，然後加上帶來的佐料，將牠們放在火上燒烤。不一會兒，烤魚的香味就撲鼻而來，讓人食指大動。

八郎把其他食物都準備好了，等了一會兒，那兩個朋友還是沒有回來。他想：「不知道他們什麼時候能辦完事情，我已經受不了這香味了，不如我先把自己這份魚吃了吧！」很快，他就將一條魚吃光了，他感覺從來沒吃過這樣的美味。那兩個朋友還是沒有回來，可是那香味還是誘惑著八郎。他一邊等他們，一邊聞著這香味，不知道怎麼的，竟將剩下的魚全部吃光了！

等他吃飽喝足，感到十分愜意時，卻驚訝了：「天啊！我竟然把所有的魚都吃掉了！我這是做了什麼啊！我這是拋棄自己朋友的行為啊，我有了收穫居然沒有和他們平分！我這樣會受到懲罰的！」於是，他趕緊到河邊又去找岩魚，可是，哪裡還有牠們的影子呢？

「完了完了，我沒辦法彌補了。我背叛了自己的朋友，背叛了族中的傳統，我會受到懲罰的！」八郎只是反反覆覆唸叨這一句。忽然，他感到胸悶氣短，還口渴得要命，難受極了。

他不管那河水寒意逼人，一頭栽進去就喝了個痛快。等他終於覺得舒服點的時候，一看河水裡的倒影，卻嚇了一跳：這哪裡是自己，分明是一條龍！

兩個朋友終於辦完事回來，卻不見了八郎的身影。他們四處尋找，一直來到了河邊，看到了一條渾身鱗片、眼睛赤紅的大龍。兩人當下就嚇得要命，可是龍卻說話了：「別怕，我是八郎啊！」他把自己的遭遇說了一遍，然後囑咐朋友們回去一定要照顧好自己的父母。

八郎自己在河中，非常孤單。他本來為自己造了一個湖，卻被人趕了出來，於是他來到了男鹿半島重新造湖，還幫助了許多人。不過，他還是感到十分孤單，好在這個時候，他認識了另一位化成龍的人類——辰子。

辰子本是一位美麗的姑娘，她傾國傾城，讓所有的女孩子羨慕，也讓所有的男孩子傾慕。每當她走在街上的時候，都會有很多人前來圍觀，還會對她進行議論：「好美的人啊！只要這樣看著就是一種享受。」辰子本就害羞，遇到這樣的事情總是低頭匆匆走過。

時間久了，辰子也覺得非常煩惱，她疑惑起來：「難道我真的如人們所說的美如天仙嗎？」於是，她拿來鏡子，第一次認真地打量起自己。

天啊！鏡中的美女是誰啊？那樣吹彈可破的肌膚，那樣清澈迷人的眼眸，那樣烏黑亮麗的長髮……天啊！辰子自己都不禁看得癡迷了。原來自己是這樣的美人啊！

從那以後，辰子只要有時間，就會對著鏡子認真端詳自己。這樣的美麗，怎麼可以隨意糟蹋了呢？於是，她開始注重自己的衣著打扮，也開始在意舉手投足間的動作。人們都說：「辰子終於長成大姑娘了！」前來求愛的男子數不勝數。可是，辰子一個都不放在心上，只是日復一日地經營自己的美貌。

忽然，有一天，辰子意識到：「總有一天，我會老去，我的美麗就會凋零！」於是，她每天對著鏡子祈禱，祈求長生不老，美麗長存。

岩魚

終於有一天，神明顯靈了，告訴辰子：「妳到駒之嶽山北邊找到一處泉水，喝上一口，就會實現心願了。」

那時候正是冬天，辰子無法成行。一直焦急地等到了春天，冰雪融化，萬物復甦，辰子趕緊梳妝打扮一番，按照神明的指示去找泉水。

辰子辛苦一路，終於找到了泉水。想到自己的美麗可以永遠保存下去，辰子興奮異常，到了泉邊大口大口地喝起來，一直喝到自己的小腹都漲了才停下來。

她望向泉水，想再欣賞一下自己的美麗，可是，她看到了什麼呀！那是一條大龍！她以前聽說過八郎暴飲河水變成龍的故事，卻沒想到這也會發生在自己身上。雖然成為龍，擁有了長久的生命，可是卻失去了美麗，變成了醜陋的怪物。

辰子十分傷心，不斷責備自己：「不是說只喝一口就可以的嗎？幹嘛一下子喝下那麼多呢？這樣的無度，結果受到了懲罰呀！」

辰子的母親見她遲遲不回家，十分擔心，請很多人幫忙找尋她的下落，可是最終只找到這一條大龍，龍說：「我就是辰子呀！我現在已經化作了龍的模樣，再也無法孝敬您了。但是，我會讓村子風調雨順，給大家帶來很多魚。」

於是，辰子就這樣在水中安定了下來。可是，辰子孤身生活在水裡，也非常寂寞。

這時候，正好八郎聽說了居然有人和自己有同樣的遭遇，不禁十分好奇，來看望辰子。一見到她，他驚訝地呆住了，對辰子說：「雖然妳已經化作了龍，但我還是能看到妳曾經的那種驚人的美麗。」他忍不住向辰子求婚。辰子沒有想到自己失去的美麗還能被看到，十分感動。於是，兩人雖然都為龍，卻相親相愛地生活在一起，就像一般的青年男女一樣，他們再也不會寂寞了。

小知識　岩魚

故事裡的岩魚，指的是日本紅點鮭，通常在河溪中生活。紅點鮭味道鮮美，無論是烤、煎、醃製、做成刺身等都十分美味。八郎無法抑制住自己也情有可原，因此受到懲罰，實在令人嘆息。但是最後終究還是找到了終生伴侶，相親相愛，也算是因禍得福。

第四章

著名神社中供奉的神

神話故事的發展演變可以看出一個民族思想的成長和延伸。而在日本，承載著這些故事的神明們則在神社中。因此，日本眾多的神社其實是對其文化的一種重要的傳承和發展。

本章中介紹的是日本著名的神社。每一個神社都有自己的歷史和傳說，有的還有自己獨特的祭典。很多神社甚至還有專門的網頁進行宣傳。

伊勢神宮——天照大神

伊勢神宮的正式名字其實只有「神宮」二字。伊勢神宮管理的宮社有一百二十五個，俗稱神宮一二五社。其中有內宮一座，外宮一座，別宮十四座。在明治時期，伊勢神宮定位為日本所有神社的頂點，第二次世界大戰後，更是貴為日本八萬神社的總宮。

伊勢神宮的內宮祭祀的是天照大神，外宮祭祀的是豐受大神。天照大神因為被認為是日本天皇的先祖，可以說是日本皇室的氏神。正因為天皇是天照大神的子嗣，在日

伊勢神宮

本文化中根深蒂固，所以即使是在幕府時期，將軍握有實權，天皇只是傀儡，也不敢推翻天皇，自己稱帝。那樣做，會遭到日本全國的討伐的。

不管天照大神是不是真的存在，但是她確確實實地保佑了日本皇室的血統。另外，日本的三大神器之一的八咫之鏡就在這裡進行保管。天照大神曾說過：「見到此鏡，就如同見到我本人。」因此，這面八咫之鏡就是天照大神的御神體。

天照大神本來是被供奉在皇宮中的，但是到了崇神天皇時，日本國內發生了嚴重的災害。所以，崇神天皇就決定將天照大神放到皇宮外進行祭祀，好讓她不僅能夠保佑皇室，更能保佑百姓免遭災難困苦。他選擇的祭祀地在奈良東部一帶。之後到了垂仁天皇，他讓自己的女兒找一個更加適合天照大神的地方。這位公主走過了許多地方，一直到了伊勢，她忽然聽到了天照大神的聲音：「我喜歡這裡，就住在這吧！」於是就在伊勢建立了神宮，祭祀天照大神。

自明治天皇以來，歷任天皇在即位之時都要去伊勢神宮中進行祭拜，以示對於天照大神的崇敬，同時希望她能夠保佑自己和國家。在日本人心中，伊勢神宮的地位也是極高的，甚至有著「人的一生中一定要參觀一次伊勢神宮」，意思就和中國的「不到長城非好漢」差不多。

在海外出生的日本人，則要將自己的頭髮放入紙包中，託自己的親戚、朋友將其供奉到伊勢神宮中，這樣有認祖歸宗的意思，表明他們雖然人在國外，但是心繫家中。

伊勢神宮還有一個特色，那就是每隔二十年就會依照原型進行重建，並且進行遷宮。也就是說，到了一定的時間，就要給神宮中的神明們搬一次家。遷宮一是為了保持木質結構的整潔和防止腐爛，二是在遷宮過程中舉行傳統儀式發揚。在遷宮中淘汰的材料，往往被其他神社加以重複利用。這樣，雖然伊勢神宮不斷更新，但是古老的建築卻沒有留下來。但是另一方面來看，這樣做卻將傳統文化發揚光大。遷宮此舉對伊勢神宮來說也是有得有失。

天照大神

出雲大社——大國主神

出雲大社位於島根縣出雲市，供奉的是大國主神。傳說，每年十月分，日本所有的神明都會到這裡來集會，進行神議，所以對其他地方來說十月都是神無月，只有對出雲來說是神在月。

大國主神在日本被稱為「國中第一之靈神」。祂是結緣、醫療和農業之神，以結緣最為出名。青年男女往往到此祈求愛情順利、婚姻幸福。事實上，大國主神是一位好色、花心的神，祂和許多女神結婚生下了孩子。

首先，祂的正室，我們介紹過，是速須佐之男的女兒須勢理姬。須勢理姬在祂最危難時幫他通過了速須佐之男的試煉，偷來了寶物，助祂成為國主，甚至在國事上也可以助祂一臂之力。可是，大國主神最初的熱情勁一過，馬上對她變成了敷衍。須勢理姬不禁怒火中燒，非常嫉妒。大國主神忌憚妻子，更忌憚自己的岳父速須佐之男，因此雖然在外面拈花惹草，也在各地娶了不少女人，在須勢理姬面前卻不得不中規中矩，裝出溫柔的樣子，對別的女人生下的孩子更是棄之不顧，生怕被須勢理姬發現。

第兩位，我們也介紹過，是八上比賣。大國主神與八上比賣有婚約在先，正因為如此才被愛戀著八上比賣的八十神嫉妒和迫害。八上比賣雖然與大國主神還沒有婚姻之實，對祂卻忠貞不二。而大國主神見到了須勢理姬馬上將八上比賣忘到腦後。後來，他雖然也娶了八上比賣，卻是偷偷摸摸，害怕正妻發現。甚至將八上比賣生下的孩子往叉木上一吊，就自己回家了，八上比賣實在是可憐。

之後，大國主神又以單身男子的身分勾引了沼河姬，一段對歌一時成為佳話。甚至連須勢理姬也做出了退讓，承認「男神」高貴，可以擁有眾多妻子，只要還愛自己就可以。這讓大國主神更加放肆起來。沼河姬為祂生下的孩子建御名方神成了大國主神的左膀右臂。

出雲大社

除此之外，還有多紀理比賣和神屋遁比賣等。多紀理比賣是江島三女神之一，美麗溫柔。神屋遁比賣出身不詳，但是傳說十分美麗，大國主神對她一見鍾情，她還生下了八重事代主神。

大國主神對待感情一點都不專一，很不負責任。但是，後世卻將祂做為結緣之神進行供奉，還真是讓人難以理解呢！也有可能，古代的日本人認為「娶妻」是結緣的開始，後面還可以有好多緣份吧！又或許，他們認為，能夠與這麼多女子發生愛情的大國主神，是非常善於結緣的吧！

伏見稻荷大社——稻荷神

伏見稻荷大社中供奉的是稻荷神，主要職能是保佑風調雨順、五穀豐登。裡面供奉的神不只一位，祂們是最初秦氏的氏族神：宇迦之御魂大神、佐田彥大神、大宮能賣大神、田中大神、四之大神。為什麼會供奉祂們呢？傳說欽明天皇在少年時候，做過一個夢，那時他還沒有繼承皇位，夢中有人對他說：「好好對待秦氏的大津父。這樣的話，等到你長大成人的時候，就可以平定天下。」他醒來以後，馬上派人去尋找大津父。實際上，秦氏是所謂的「渡來人」，是從中國渡海去日本的，據說是秦始皇的後代。當時他們帶去了最為先進的生產技術和新鮮的思想，給日本注入了很大的活力，並且將日本的生產力提高到一個嶄新的水準。所以，秦氏在當時的日本受到了極大的重視。欽明天皇即位前建立的這個神社實際上是為秦氏而建的。

伏見稻荷大社位於京都東南，這一帶經常有熊出沒，又經常有閃電帶來雨水，莊稼長勢很好。所以當地人們認為這五位神既能抵禦熊等野生動物，保佑京都安定，又能保佑稻荷豐收。於是，這五位神漸漸發展成了稻荷神。

之後京都的商業漸漸繁榮起來。人們的願望從：「請保佑風調雨順讓我的莊稼長得又大又好吧！」變成了：「請保佑我的生意順利進行今年也能發財吧！」於是，稻荷神就演變成了商業神。後來，甚至還有不少人在家裡也供奉這幾位神。稻荷神被供奉得如此之多，人們就調侃：「有多少個伊勢商人就有多少個稻荷神。」

後來，秦氏更加發展壯大，稻荷神的信仰也在日本全國普及開來。逐漸地，稻荷神的功能更加豐富，成了農業神、商業神、工業神、守房神等，幾乎無所不能。但是，日本人普遍還是習慣稱呼祂們為稻荷神。

伏見稻荷大社最有特點的地方是它的鳥居。

前往伏見稻荷大社的山道兩側豎立著整齊的紅色鳥居，形成了一個紅色的隧道，將這條通往神社的道路襯托得無比神祕和莊嚴。這些鳥居又被稱為「千本鳥居」，這是江戶時代的習俗，來此許願的人一般都會捐款建立鳥居，最終形成了山道上如此壯觀的景象。

另外，守護伏見稻荷大社的動物不是狛犬而是狐狸。傳說，平安末期有一位刀匠接到御旨要為皇家打造一把刀，可是他卻面臨著重重困難，這時候，稻荷神化身為一隻白狐幫助他。後來，人們就相信白狐和稻荷神密不可分。

伏見稻荷大社

鹿島神宮——建御雷之男神

鹿島神宮中供奉的是建御雷之男神，祂是一位雷神、戰鬥神，同時，日本人也將祂視為戰爭的保護神和日本民族的守護神。建御雷之男神最大的功績是奉天照大神的命令要求大國主神歸還國家，讓天照大神的後代掌管，期間祂打敗了同為雷神、戰鬥神的建御名方神，這次戰鬥展示了祂強大的力量，確立了祂日本「最強戰神」的地位。

正因為建御雷之男神是強大的戰神，日本人才在戰爭的時候祈求他的佑護。相傳日本初代天皇神武天皇東征的時候，在熊野縣遭到敵人釋放毒氣，他中毒很深，奄奄一息。正當他快要死去的時候，建御雷之男神顯靈，祂降下了一道閃電，化為一把劍，將毒氣全部吸走，將神武天皇從死亡邊緣救活。同時，閃耀的劍光對敵人造成了強大的殺傷力，敵軍瞬間全滅。有了這個傳說，日本人對建御雷之男神的作戰能力更為崇拜，也更加相信祂對於戰爭的庇佑作用。

日本軍人在出發前都會到鹿島神宮祈福，祈禱建御雷之男神保佑自己獲勝，平安歸來。後來，人們出行前會到鹿島神宮進行祈福，希望自己能平安回來，不會在出門的時候遇到災難。

除此之外，這裡也是武士們的聖地。尚武的武士們自然想得到建御雷之男神的庇佑，使自己獲得強大的力量。他們認為在建御雷之男神前面修行，可以提升自己身體和精神的修養。因此，鹿島神宮附近也形成了不少劍道流派。

鹿島神宮中收藏了日本古代最大最長的一把直刀，它是一把唐刀，全長兩百五十六公分，刃長兩百二十三公分，大約製造於八世紀初期，是日本國寶級的展品。

傳說鹿島神宮最初是為了鎮壓蠻夷而建，因為與異域連接，所以鹿島之神也被稱為攔截之神、境界之神。

鹿島神宮內，供奉著一塊靈石，據說它可以避免地震災害。實際上，靈石只是一塊很小的石頭，被圍在木柵欄之中，傳說這只是冰山一角，靈石的巨大身軀埋在地下，只有這小小一塊露在了地面上。

關於地震，日本有這樣的傳說：日本列島之下，有一條巨大的鯰魚，牠一旦發怒，就會劇烈地擺動自己龐大的身體，攪動水面，從而使日本列島發生地震。而這塊靈石正是用來鎮壓和淨化這條大鯰魚的，使牠安分守己、不再給人們帶來災難。日本人認為正是這塊靈石使得他們免受地震之災。江戶時期的安政大地震之時，人們更是到處張貼靈石鎮壓鯰魚的圖畫，並且隨身攜帶，以求平安。

淺間神社——木花開耶姬

淺間神社依富士山而建，以富士山為神體，祭拜富士山神木花開耶姬。

富士山是日本第一高峰，是一座休眠火山，是日本代表性的自然景觀，更是日本人心中的「聖山」。富士山遠遠望去就像是一把倒掛的扇子，山頂上長年有著一層積雪，有時會發出耀眼的鑽石般的光芒，它是除了櫻花之外日本人的另一精神象徵。

富士山

在歷史上，歌頌富士山的和歌作品十分豐富，它還經常出現在日本的繪畫中，其中江戶時期葛飾北齋創作的《富岳三十六景》的連續版畫最為著名，這些版畫一共有四十六幅，描述了不同季節、不同時間、不同角度的富士山，大受日本人喜愛。

富士山雖然是休眠火山，但是會隨時「醒來」，變成一座活火山。事實上，它曾經多次噴發，最早的紀錄是西元八〇〇年到八〇二年，最近一次是在一七〇七年。所以，最初修建淺間神社是為了抑制富士山的爆發。

富士山神是天孫的妻子木花開耶姬。她是一位如櫻花般美麗純潔的女子，擁有良好的德行，端莊的舉止，一夜受孕，產下四子，因此，她也是守護女子德行和保佑生產順利的神明。木花開耶姬一夜受孕的事情，讓天孫邇邇藝命起疑，祂認為木花開耶姬對祂不忠，因此非常生氣。木花開耶姬覺得受到折辱，就發誓如果這不是邇邇藝命的孩子則自己和孩子都將葬身火海。木花開耶姬獨自在火焰中生下了四個孩子，證明了自己的純潔，表達了自己的堅貞，也展示了自己的勇氣。

日本有很多淺間神社，大致數量是一千三百間。其中富士山本宮淺間大社是淺間神社的總本宮，也是全日本富士山信仰的中心。淺間神社自創建以來，受到了皇室、德川一族的保護，因此影響巨大，其中最有名的祈福者是武田信玄。武田信玄非常疼愛自己的長女黃梅院，據說嫁出女兒時隨從有一萬多人。後來，他聽說女兒懷孕，便到富士山本宮淺間大社祈求女兒順利生產。黃梅院的前兩個孩子都夭折了，但是接著生下了四個孩子。

梅宮大社——酒造神、生育神

梅宮大社由日本的四大姓氏之一的橘氏一族修建，目的在於紀念自己的氏神。他們認為，木花開耶姬和大山津見神是自己的始祖。大山津見神在自己初為人父的時候釀造了美酒進行慶祝，所以祂又被稱為酒解神。木花開耶姬則被稱作酒解子神，祂們合起來叫做酒造神。

歷史上，橘氏的活躍程度上和活躍時間都不足以和其他三個家族比較，為什麼可以和他們並列四大姓氏呢？首先，從他們的氏神來看，他們的起源和皇室相同，都是來自大山津見神和木花開耶姬。事實上，他們也的確是皇族的一支，並且自願降為臣籍。其次，他們曾和皇室聯姻，並且曾手握重權。所以，他們確實是舉足輕重的一族。

但是，橘氏活躍的時間很短，只在飛鳥中期到平安中期比較有做為。最初的橘氏是橘三千代，她是一位傳奇的女性。橘三千代是文武天皇的乳母，在朝中很有權勢。她先嫁給了美努王，生下了橘諸兄和橘佐為。後來，又嫁給了藤原不比，生下了後來成為皇后的藤原光明子。之後，朝廷為三千代賜姓橘宿彌。她的兒子橘諸兄和橘佐為，因為父親是美努王，獲得了王姓。可是，他們向朝廷請求，自願降為臣籍，希望繼承母親的姓氏。

三千代開創了橘氏對於酒造神的信仰，成為了一代神母。她的女兒光明皇后也追隨了這個信仰，甚至影響了後代許多女性。

不過，橘氏本來信仰酒造神，為何會變成生育神呢？這裡並沒有涉及木花開耶姬火中產子的傳說，而與橘氏的另一位皇后——嵯峨天皇的檀林皇后有關。檀林皇后將梅宮大社的沙石鋪到了屋子裡，以保佑自己順利生產。果然，她順利生下了一個男孩，也就是後世的仁明天皇。梅宮大社本就是女性信仰者居多，從那以後，它能保佑產婦安產的說法也漸漸流傳開，來這祈求生育順利成了傳統，酒造神的功能也就漸漸轉變，成了生育神。

梅宮大社

貴船神社——高雨龍神

貴船神社

貴船神社的祭神是高雨龍神，是一位管理雨水的神。乾旱時期，人們會來這裡求雨，降雨過多，人們也會來這裡祈求雨停。貴船神社是守護平安京的神社之一，受到重視。不過在後世，它求雨的作用和守護都城的作用都漸漸弱化，保佑女子戀愛的作用日益凸顯出來。

貴船神社很有韻味，綠蔭、朱殿、古樸的參道，形成了特別的感覺，輕易就能勾起了女子心中的傷感。回望過去的感情，種種坎坷浮上心頭，不由自主地就會祈求神明的保佑。

事實上，有很多感情經歷的女子很喜歡到這裡祈福。她們經歷了很多段感情後仍然沒有找到自己的伴侶，受過很多傷害，對感情產生了懷疑，對未來能找到合適的伴侶有更多的渴望。因此，她們往往會來祈求神明的保佑，希望自己早日找到那個對的人。

到這裡來的最著名的女子，是和泉式部。她是一位歌人，以抒發女子內心的細膩情感而著名。她本人有幾段驚世駭俗的戀情。她的第一任丈夫是橘道貞，生下了女兒後兩人反目成仇，最終分手。後來，她和冷泉天皇的兒子為尊親王相戀，但是為尊很快就過世了。不久後，為尊的弟弟敦道親王向她求婚，成為她第二任丈夫，但是敦道也很快去世了。在那之後，她又與藤原保昌結婚，兩人終於相親相愛，攜手到老。

感情經歷豐富的和泉式部參拜了貴船神社後很有感觸，即興歌道：「相忘已久君何處？貴布彌前溪流靜。手洗川旁流螢舞，斯念無止使人憐。」她本來想到這裡尋找片刻安寧，可是看到那飛舞的流螢，思念又起，心裡始終無法安定。據說，她唱完後神明和道：「深山急瀑飛花起，哀念難罄玉石碎。」也就是說，再深的思念，都會像深山瀑布飛濺的水花一樣破碎。神明是在對失戀的女子進行安慰。因此，人們才認為貴船神社有能夠保佑女子感情的神明。

貴船神社中最著名的是靈泉水籤，籤浮在水中可顯示抽籤人的命運。很多年輕的女子都對此非常著迷。

住吉大社——海神

住吉大社中供奉的是三位海神和神功皇后。這三位海神分別是表筒之男、中筒之男、底筒之男。祂們是伊邪那岐命從黃泉國歸來後在水中洗滌時產生的。那時，伊邪那岐命脫下衣物，在水中洗淨污垢，祂的衣物和污垢都變成了神。之後，祂在水中清洗自己，在水底洗滌的時候生出的是底筒之男，在水中清洗的時候生出的是中筒之男，在水面清洗的時候生出的是表筒之男。這三位男神是伊邪那岐命清洗的時候所生，具有淨化的能力，因此被視為能夠淨化大海的海神。

神功皇后是仲哀天皇的皇后。據說神明曾降下旨意，要仲哀天皇發動戰爭，但是仲哀天皇左思右

住吉大社

想，不知道這樣的旨意是否應該遵從，竟然因此大病一場，並撒手人寰。

當時懷孕的神功皇后意識到神明的旨意必須遵從，否則皇室的人會陸續受到懲罰。她拜祭了三位海神和天照大神，祈求他們保佑之後，便親自帶兵出海了。據說，這一仗打了三年多，早該在戰爭中產子的神功皇后向神明祈求讓自己不要分娩，終於打了勝仗，她才舒了一口氣，生下了兒子。可是，回去之後她馬上發現有叛逆者謀反，於是，她趕緊向天照大神等進行祭拜，求祂們保佑，然後再次親自出海對其進行鎮壓。之後，她立刻讓兒子即位，成為應神天皇。

神功皇后在丈夫死後，親自出征，討伐叛賊，是一位有勇有謀的女子。她雖然沒有即位，但是日本歷史上往往將她視為天皇或者準天皇。不過近年來，對神功皇后是否真的存在，人們產生了很大的疑惑。因為，關於她的傳說雖然多，但是事蹟卻幾乎都不可考。因此，她成了歷史和神話之間似有似無的人物，更加具有神祕感。

因為神功皇后幾次出海征戰，人們也將她視為海神。

實際上，神功皇后所說的神要求發動的戰爭，是侵略朝鮮的戰爭。由於在日本，天皇披著神的外衣，民眾對此深信不疑，當統治者想要做什麼事的時候，就會假託神的旨意。

春日大社——藤原氏族族神

春日大社

春日大社中供奉的是藤原一族的氏神，裡面供奉的神有四位：建御雷之男神、經津主神、天兒屋命、比賣神。

日本曾經把平城京做為都城，城裡的水源來自春日山，水源要是出了什麼問題，整個都城都會陷入災難。於是，朝廷從鹿島請來了建御雷之男神，懇請祂守護水源。建御雷之男神被人們的誠意感動，騎著鹿降臨，為人們守護平城京及水源的安全。

建御雷之男神本來只是鹿島的神，在大和東征的過程中，做為戰鬥神地位有了顯著的提升。而藤原氏祖籍在鹿島，因此將建御雷之男神迎來，使之成為了重要的氏神之一。

同時，春日神社還從香取迎來了經津主神。傳說，伊邪那美命因為生產火神被灼傷而死，伊邪那岐命怒斬火神，濺出的血都化作了神明。那時候濺在石頭上的血化成三位神明，經津主神就是其中之一。人們認為祂代表的是寶劍，因此將祂視為保佑戰爭勝利的神明。

之後，藤原氏又從枚岡神社迎來了天兒屋命和比賣神。天兒屋命在天照大神時期就已經存在了，據說他母親懷胎百月才將祂生下，後來長成了一個將近三米的巨人。祂曾經受天照大神之命成為邇邇藝命的臣子，輔佐他管理葦原中國，是中臣氏、大島氏、藤原氏的始祖。也有人認為，祂和思金神是同一個神。而比賣神一般是對祭神的妻子或者女兒的稱呼，這裡指的應該是天兒屋命的妻子。

後來，都城從平城京遷到了平安京，藤原氏的勢力逐漸增加，春日神社也逐漸增多。而且，平城京已經不是都城，建御雷之男神守護都城和水源的安全的作用也不存在了。因此，春日大社中的諸神做為藤原氏神的作用更加凸顯。因為藤原氏在朝中權勢很大，因此春日大社中參拜的人非常多，成為了很興旺的神社。

春日山是春日大社的神山，據說如果在春日山砍伐樹木就會被神明懲罰。因此，春日山上還生長有茂密的原始森林，成為了著名的景觀。在春日大社內，也種植著很多種植物，並且藏有很多文物。每年的三月十三日，春日大社都會舉行春日祭，每年十二月還會舉行春日若宮御祭，是日本的一大文化財富。

另外，也有很多人到春日大社祈求戀愛順利。

國家圖書館出版品預行編目資料

日本神明、神社與神話：了解日本神明信仰，
從這本書開始／鍾怡陽著.
——第一版——臺北市：知青頻道出版；
紅螞蟻圖書發行，2015.07
面　；　公分——(大智慧；22)
ISBN 978-986-5699-66-6（平裝）

1.神祇 2.民間信仰 3.日本

273.2　　　104012256

大智慧 22

日本神明、神社與神話：了解日本神明信仰,從這本書開始

作　　者／鍾怡陽
發 行 人／賴秀珍
總 編 輯／何南輝
責任編輯／韓顯赫
美術構成／Chris' office
校　　對／賴依蓮、周英嬌
出　　版／知青頻道出版有限公司
發　　行／紅螞蟻圖書有限公司
地　　址／台北市內湖區舊宗路二段121巷19號（紅螞蟻資訊大樓）
網　　站／www.e-redant.com
郵撥帳號／1604621-1　紅螞蟻圖書有限公司
電　　話／(02)2795-3656（代表號）
傳　　真／(02)2795-4100
登 記 證／局版北市業字第796號
法律顧問／許晏賓律師
印 刷 廠／卡樂彩色製版印刷有限公司
出版日期／2015年７月　第一版第一刷

定價 280 元　港幣 94 元

ISBN 978-986-5699-66-6　　Printed in Taiwan